日経文庫
NIKKEI BUNKO

JN007243

いまならまに合う デジタルの常識

岡嶋裕史

日本経済新聞出版

はじめに

「ダメだ、これはもう逃げられない」

そう思う瞬間ってありますよね。

衆人環視のなかで逆上がりのテスト。

思い出すのも恐ろしい3段の跳び箱。

保護者どころか近隣住民まで見に来ている学芸会でのセリフありの役。


こりゃもうダメだ。

いままでのらりくらりとかわしてきたけど、今日こそは恥をかくのだ。みんなの前で決定的に打ちのめされるのだ。目をつぶってやるしかない。むしろ失敗は確定的だが、そのあとの自分のケアをどうしよう、明日学校に行けるだろうか。休む理由は何がいいだろうか。

そんなふうに腹を決める（決めてない）ときが、人生には必ず訪れます。

ビジネスパーソンになっても状況は変わりません。むしろ悪化します。

GPTってなんだよ、指定校推薦で使う成績かよ。

Web3ってなんだよ、むしろ2を知らねーよ。いつの続編だよ。監督替わってんのかよ。

STEMってなんだよ、歯にこびりついてるやつかよ。そういえば虫歯の治療ほうってあるよ、やなこと思い出しちゃったよ。

腹の中でそんなふうに思いながらも上司の追及をかわし、同僚の誰何を無視していままでやってきた。しかし、今日こそは逃げ道がない。客先で、できるふうを装っていただけのエッジコンピューティングのプレゼンをしなければならない。

そんなとき私のように、逆上がりの補助者に腹ではなく首を鉄棒に押し付けられて窒息し、教頭先生まで出てくる騒ぎになるとか、村人8の役の負担が重すぎて「風邪で」休んだら担任が見舞いに来ちゃったとか、失敗＋αの生涯消えない精神の爪痕を残さずにすむよう対策するあんちょこが本書です。

別に技術のことなんて好きじゃないんだ。たとえばブロックチェーンが登場したとき。取りあえずビットコインを買ってみたり、分厚い専門書を読んだりするのはしんどい。ふりだけでいい。でも、一応、なんか聞かれたときのために、なんかしゃべる羽目に陥ったときに無難に立ち回れるように、どんな技術で、何ができるのか、基本の作りくらいはおさえておきたい。本書はそんなビジネスパーソンのために著しました。

すべてを重厚に学ぶ専門書ではありませんが、最高のコストパフォーマンスとタイムパフォーマンスを叩き出すように設計してあります。

生成系AIやWeb3、メタバース、5G、エッジコンピューティングからSTEMまで。新しい話題を取り込みつつも、なるべく体系的に。また、興味のある箇所のつまみ食いでも、頭から尻までのがっつり読書でも快適な体験になるように工夫しつつ、できるだけ肩が凝らないような作りを心がけています。時間つぶしのカフェで、新幹線のSWork車両で、リモート会議のサブウィンドウで、本書を開いていただければ幸いです。

いまなら間に合う　デジタルの常識　目次

第2章　Web3の正体　63

第4章 広がり続けるネットワーク 149

第5章 最近はやりのXX人材の育成 191

第1章

言語を軸に次の段階をうかがうＡＩ

1　生成ＡＩなるもの

現在の主流はノイズから絵を取り出す拡散モデル

２０２０年代に入って、「**生成系ＡＩ**」と呼ばれる分野が著しく発展、普及しました。多くの人が生成系ＡＩと聞いて真っ先にイメージするのが、お絵描きＡＩかもしれません。有名なものでは、**Midjourney**、**Stable Diffusion**、**Novel AI** などのサービスがあります。

細かい部分はサービスによって異なるものの、基本的にはＡＩに対してキーワードを与えると、それに応じた画像を作成してくれるものです。

登場当初は絵として洗練されていなかったり、キーワードに対して矛盾したイメージを生成したりしたものの、急速に進歩し、現時点ではよりキーワードに整合した形で、完成度の高い絵を生成するに至っています。

生成系ＡＩはいくつものパートから成り立っています。まず、画像生成といいつつテキストを解析する部分が必要です。キーワードや文章を使ってどんな絵にするかを命じるので、それを分析できないといけません。その結果、「ペットボトルの絵を抽象画ふうに描きたいのだな」とわかれば、画像生成器にその旨を伝えます。

画像生成器の作り方もいろいろありますが、現在最も成功しているのは**拡散モデル**（diffusion model：Stable Diffusionのdiffusionです）と呼ばれるものです。ペットボトルの画像を用意してそれにノイズを足していき、もとの絵に比べると雑音の多い、なんだかえらく劣化した画像を作ります。このノイズ画像からもとのクリーンな画像を取り出せるように、ＡＩに学習を行わせます。もちろん、ペットボトルだけじゃなくて、色々な画像について繰り返し学ばせていくわけです。

学習が完了すると、「ノイズ画像」と「そこから取り出したい絵の指示」を与えることで、画像を生成できるようになります。もちろん、とんでもないノイズ画像から一発で綺麗なマンゴーの絵が出てくるわけはないので、「ちょっとだけノイズを除去してぼんやりした絵が出てきたぞ」「そこにまたノイズをまぶして、またノイズを除去しよう」といったことを何回も何回も繰り返して、最終成果物を作っていくのです。ですから、この方法は時間がかかるのですが、従前の手法と比べると一つのキーワードから多様なイメージを生み出せるので利用者に愛されています。

魔法は理解しなくても使えてしまう

拡散モデルの振る舞いは極めて複雑ですが、ある種の関数であると捉えることができます。したがって、入力するデータが同じであれば、同じ絵が出てきてしまいます。そこで、入力に乱数を加えることで、同じ「りんご」を指定しても、同一の絵が出続けないように工夫されています。もちろん、キーワードを複雑に組み合わせれば重複は生じにくくなります。

もともと、**ディープラーニング（深層学習）**などを駆使して組み上げられたモデルは、人間にとっては可視化できないほどに複雑な作りになっています。中身は（それがたとえ公開されていたとしても）ブラックボックスのようなもので、ゆえに「どんなキーワード（**プロンプト**といいます）を入力すれば、素晴らしい絵が出力されるのか」を利用者が競う状況になりました。

それはまるで呪文を詠唱する魔術師のようです。魔法（ＡＩ）の原理はよくわかっていないけれども、特定の呪文（プロンプト）を唱えれば自分にとって有益な結果を導くことができるので、新しい呪文を覚えたり、洗練させたりすることに腐心しているわけです。

これは後述する大規模言語モデル（ＬＬＭ：Large Language Model）でも同様で、どんな指示をどの順番で投入すれば望んだ結果が得られるかを解析する「プロンプトエンジニアリング」という新しい技術分野が生まれているほどです。

プロンプトエンジニアは稼げるか

プロンプトに特化した技術者は**プロンプトエンジニア**などと呼ばれ、数千万円の年俸で公募がかかったりもしています。ＡＩがこれだけ流行している中で、プロンプトエンジニアリングが、今後キャリアに重要な意味を持つスキルになっていくのでしょうか？

短期的にはプロンプトエンジニアは稼げると思いますが、長いスパンで見ると一般的な情報リテラシーに収斂されていくと考えます。今のところはＡＩの振る舞いがよくわかっておらず、プロンプトによってＡＩを思うように動かせるプロンプトエンジニアに需要があります。

今後も大規模なＡＩの中身を完全につまびらかにすることは難しいでしょう。説明可能なＡＩはうまくいかないのではないかと考えています。機械学習で、人間の手を離れたところで育てていけば構造的にそうなります。出来上がったものを遡及的に説明しようとしても、大きすぎて手に負えません。

でも、よくわかっていなくても、付き合い方を学ぶことはできます。これは過去にも起こってきたことです。**SEO**（Search Engine Optimization：自社のＷｅｂサイトを検索結果でいかに上位に食い込ませるか）などがそうです。グーグルがどうやって検索ランキングを決めているかなど、内情は今でもわかっていません。でも、試行錯誤によってＳＥＯをしていたわけです。最初は専門のエンジニアが必要でしたが、現在ではある程度のＳＥＯは教科書などを手に誰でも行うことができます。

ＡＩのインターフェースも改善されていきますから、「わからないなりによく付き合うこと」は可能になるでしょう。そのとき、付き合い方のスペシャリストであるプロンプトエンジニアの仕事の多くは、一般利用者でもまかなえるものになるでしょう。

ＡＩはタダで学んでいる

ここではお絵描きＡＩを取り上げましたが、デジタルデータとして取り出せるものであればどんな種類のコンテンツでも原理的に生成することができます。小説や音楽を作るＡＩはすでにサービスとして提供されています。

その可能性は素晴らしいものですし、巨大な市場を生むものです。しかし、一方でお絵描きＡＩの学習に利用されたイラストやその描き手には何の対価も支払われておらず、プロンプトの与え方によっては、学習に使われた元画像とほとんど変わらないものを生成してしまうＡＩもあることが知られています。

ＡＩが生成したコンテンツの著作権が誰に帰属するのか、イラストレーターは自分のイラストが学習に使われることを拒否できるのかなど、今後のルール作りにおいても活発な議論がなされています。

2　チューリングテストを突破するＡＩ

強いＡＩと弱いＡＩ

生成系ＡＩのもう一つの花形は**チャットボット**でしょう。すでに、チャットボットという古くからある用語では言い表せないほどに、これらが出力するテキストは洗練されてきています。

ブームに火をつけたのは**OpenAI**というＡＩ研究組織が送り出した**ＧＰＴ-３**、**ＧＰＴ-４**と称される言語モデルです。これらはＬＬＭと呼ばれ、大量のデータによって訓練され、従来の視点で見れば途方もない物量のパラメータ（ＧＰＴ-３で１７５０億、ＧＰＴ-４で１００兆）を獲得するに至っています。

ここに至るまでの歴史を追ってみましょう。

ＡＩには３つのブームがありました。１９６０年代の第1次ブーム、１９８０年代の第2

次ブーム、2010年代から今なお続く第3次ブームです。

　そもそもAIとは何でしょうか。日本語では人工知能ですが、そう言い換えたとして何かを説明しているわけではありません。「知能」がよくわかっていないからです。「知能の高い人」といったときに、それが記憶力のいい人を指すのか、計算力なのか、空間認識能力なのか、思い浮かべるものはさまざまで学術的にも定見がありません。

　わかっていないものを作れるはずがないということで、「AI」という語を使うこと自体を忌避する人もいます。

　ただし、AIという言葉の普及は続いているので、まったく使わないという態度はなかなか取りにくくなっています。そこでひねり出されたのが、「**強いAI**」と「**弱いAI**」です。

　知能のことはよくわからないけれど、おそらく人間をはじめとする生物の心的機能で、幅広い状況に対する認識や推論の力が組み合わさったものです。

　すると、チェスのAIや囲碁のAIを、AIといっていいのかどうかといった問題が浮上します。チェスや囲碁の指し手については人間よりも強くなったかもしれない。しかし、チェスのAIが詩を解釈したり、料理のレシピを創造できるわけではない。特定分野に強いだけである。そこで、これを弱いAIと呼んだのです。そして、SFに登場するような、分野をまたがって成果を出せる能力、考えを抽象化する能力、コミュニケーション能力などを持ち、もしかしたら自我や感情まで操れるようなものを強いＡＩとしました。

文字による対話に夢を見た

第1次ブームはもちろん弱いＡＩから始まっています。特定の領域でしか力を発揮できないにもかかわらず、その特定分野でも人間よりも能力値が低い地点からのスタートです。

ここで示されたのは夢だったといえます。「知能を模倣できるかも」という夢、知性をデジタルデバイスに複製するビジョンです。この時期の基盤技術は探索と推論で、特定の問題に対して解答を示すことができるようになりました。

ただし、解が得られるのは本当に狭い分野です。シンプルな迷路の脱出方法などをイメージしてください。オセロや将棋をプレイするＡＩも考案されましたが、人間の相手が務まるようなものではありませんでした。

言葉を解釈したり、翻訳したりすることもこの頃から企図されていました。語彙と文法があれば、ルールに則った処理を繰り返すことで、たとえば翻訳は可能だろうと考えられましたが、ルールは膨大かつ例外も多く、満足な処理はできませんでした。

それでも人間がこうした技術を望み、期待していたことは**ELIZA**が人気を博したことなどでも明らかです。ELIZAは文字による対話を実行するプログラムで、現在のチャットボットの先駆けでした。

しかし、その応答性は良いとはいえず、極めて限定された話題について、短い対話の相手ができるといった水準のものでした。それでも、利用者はELIZA効果（本当は無機質な機械であることがわかっているし、矛盾などもあるのに、ボットから感情などを読み取ってしまうこと）を感じ、この技術を愛しました。人はいつでもコミュニケーションの相手を欲しがっていましたし、AIを作るならまず会話や思考の相手をしてくれるものがいいと考えたのです。

このとき、AIはどんな技術も避けられないハイプ・サイクル（ガートナーが提唱している、技術とその受容度合いの概念）の洗礼を受けました。技術側の喧伝と、利用側の期待値の急速な高まりに実装がついていけず、深刻な幻滅期へと突入していきました。

専門家を生み出せない苦悩

変化は1980年代に起こります。ここで、**エキスパートシステム**のブームが生じました。特定の分野で専門家のように振る舞える仕組みのことです。このときの技術的なキーワードは知識ベースです。

コンピュータの演算能力と記憶容量は飛躍的に向上していたので、広大な記憶空間に専門知識を詰め込み、それに照らし合わせれば問いかけに対して解答できるだろうというものでした。

この試みは部分的には成功しました。知識ベースの構築と、それと照合する形での判断・意思決定は人間の専門家もやっていることですから、記憶間違いや忘却のないコンピュータは人間を上回れそうでしたが、肝心の知識ベースの構築が極めて面倒であることが露呈したのです。

たとえば将棋のエキスパートシステムを作ろうとして、「玉飛接近すべからず」「三桂あって詰まぬことなし」などと知識を入力していくわけですが、恐ろしく手間がかかる上に互いに矛盾する知識もありました。そのため、人間の専門家の水準を超えるエキスパートシステムがなかなか作れなかったのです。また、冬の時代がきました。

機械学習が大ブレイク

2度目の幻滅期の谷を越えて、現代に至る第3次ブームを勃興させる原動力になったのが**機械学習**です。人間が最初に学習の枠組みを作っておけば、その枠内において自動的にデータを読み込み、モデルを最適化していきます。

先ほどの将棋の例でいうと、「玉飛接近すべからず」をルール化したい、では王将と飛車の間隔に点数を与えよう、離れているほうが高得点だ。そうだな……両者の間に5マスの空間があれば500点だ。などと人間のエンジニアがやっていたのを、既存の棋譜を読み込んで評価することで、「局面Aでの指し手Bは形勢を良くする。指し手Bを指す確率を高めよう」「同じ局面Aでの指し手Cは形勢を損ねる。指し手Cを指す確率は低くしよう」といった演算を繰り返していきます。こうした、「最も望ましい結果が得られるように、一連の行動を調整していく」学習方法を、機械学習の中でも強化学習と呼びます。

システム自身がモデルを調整していってくれますので圧倒的に楽で、容易に試行回数を増やせます。極端な話をすればシステムを作っているチームに将棋に詳しい人がいなくても、将棋エキスパートシステム（とは第3次ブームではいいません。将棋AIです）を作ることが可能です。

こうしたムーブメントは単一の技術遷移で生じるものではありません。機械学習は強力なツールですが、学習するデータがなければ動かせません。社会の構造や意識が変わり、たとえば将棋のような分野でも棋譜をデジタルデータで保存しておこうとか、せっかくストレージの容量が飛躍的に増えたのだからビッグデータを蓄積・活用しようとか、IoTによって世界中をセンサーで覆い、あらゆる事象をデジタルデータ化して共有することで世界を変えていこうとか、そういう発想や試行、技術が組み合わさってはじめて実現するものです。2000年代は機械学習がブレイクするための機が熟していたといえます。

ディープラーニングがもたらしたもの

第3次ブームのキーワードとしてよく取り上げられるのが**ディープラーニング**です。これも機械学習の一分野で、ある入力が与えられたときに、どんな出力を返せばいいかの判断をする仕組み（ニューロン）を何層にも分割して持たせます。

一般的には4層以上になると深層学習と呼ばれます。

多層化することで一つひとつの層の働きをシンプルにできる効果があります。ある層は画像から輪郭だけを抽出し、ある層は目だけを抽出し……といった具合です。

図表1-1　ラーメンかどうかを判断するニューロンのイメージ

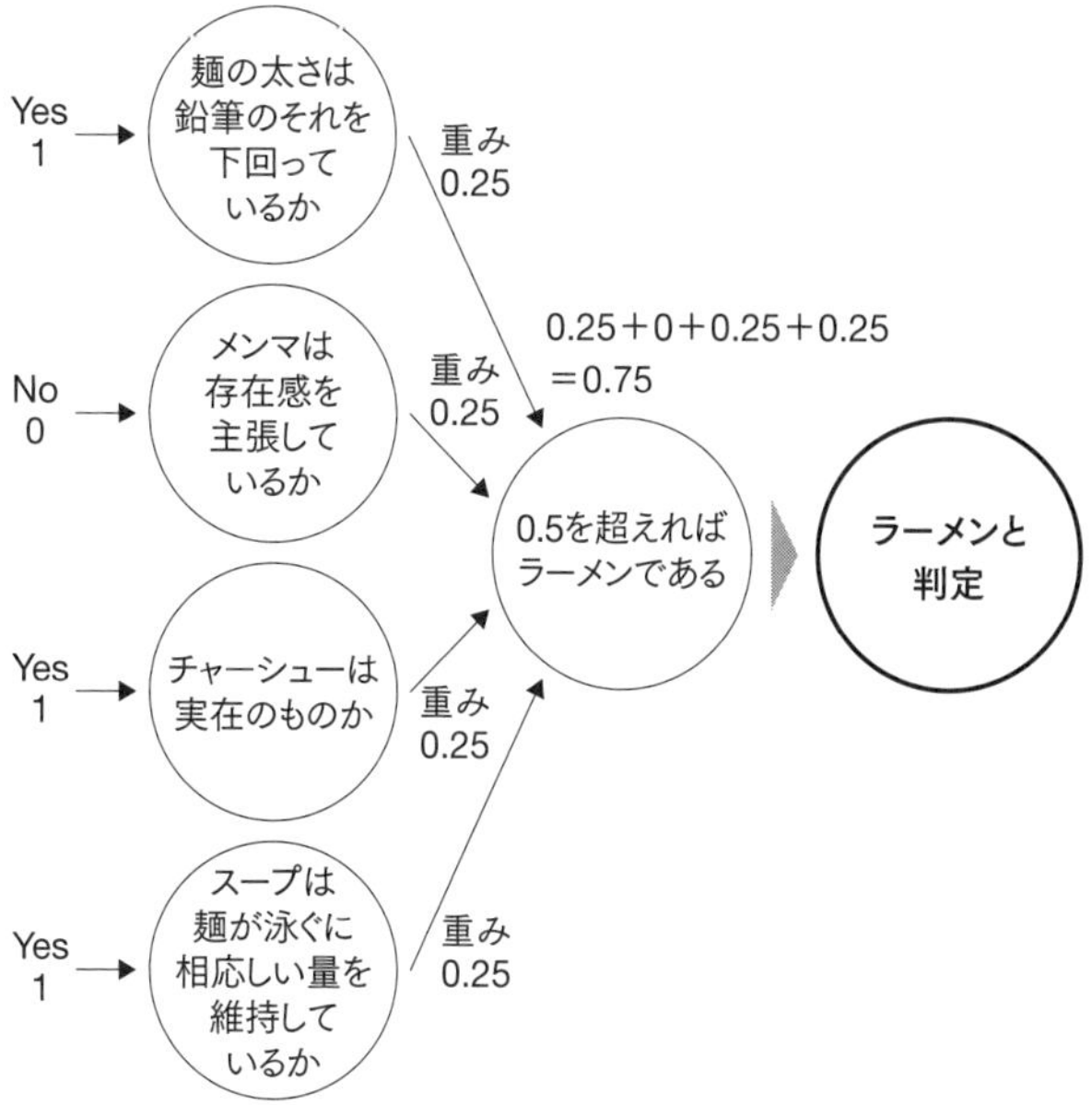

ディープラーニングはさまざまな分野で活用が試みられていますが、顕著な成果を上げたのが画像と自然言語でした。

それまでの学習方式では難しかった8とBの判別や、犬と猫の判別などの精度が極めて高まったと驚きを持って伝えられたのは2010年代中盤でしたが、今や画像解析ではなく「こういう絵を描いてくれ」というリクエストに応じて絵を作る画像生成まで可能になっています。

図表 1-2　ラーメンかどうかを判断する、
多層化したニューラルネットワークのイメージ

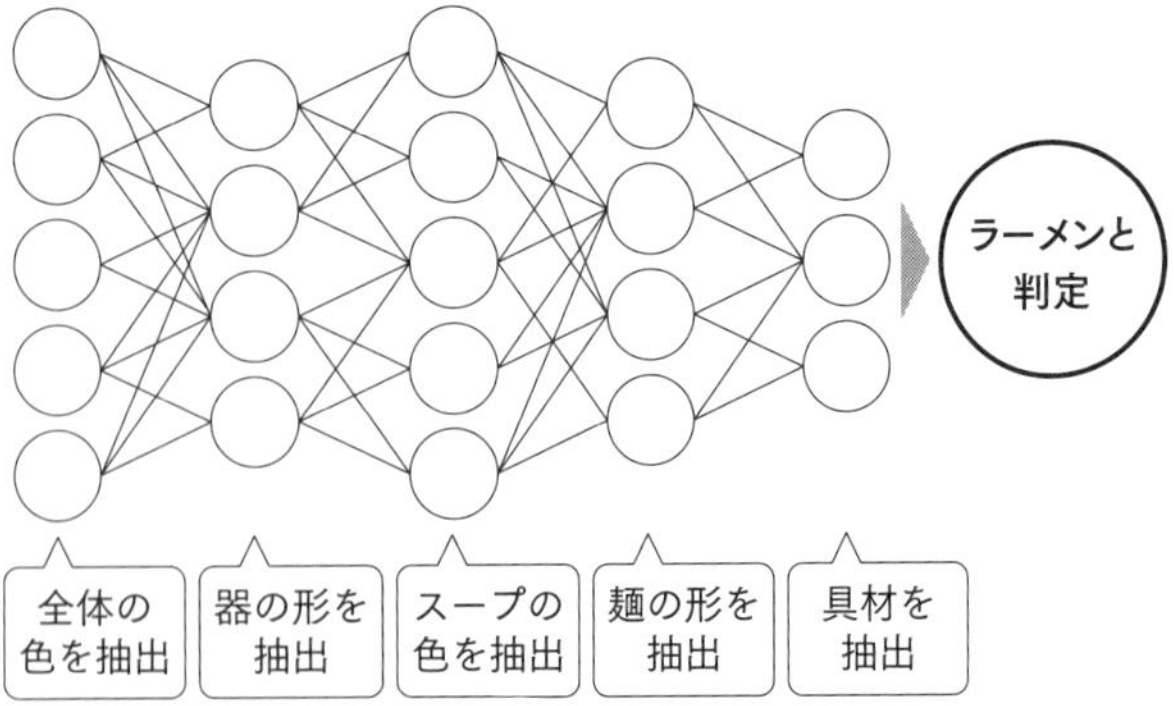

自然言語処理も同じ系譜をたどっています。言語分野へのＡＩの適用は構文解析から始まり、文章の要約や、シンプルな問い合わせに対するシンプルな回答といった方向へ発展しました。少し前まで、「ＡＩによるチャットボット」というものは「明日の天気は？」「雨です」といった水準のものでした。

ChatGPTは人間を超えるのか

しかし、ビッグデータを使うことで他分野が発展したように、言語分野にもこの波が押し寄せてきました。２０１０年代後半から頻繁に報道されるようになったＬＬＭです。

近年の話題を独占しているOpenAIのＧＰＴシリーズも、ＬＬＭを使っています。途方もない量の文書や会話から学び、かなり複雑な構文での問いかけに対して、複雑かつ柔軟な回答をします。

それまでの言語系ＡＩと比べると一足飛びの進歩を成し遂げたように見えたので、期待が高まりました。「本当に**シンギュラリティ**を迎えられるのでは？」という期待です。

チューリングテストを突破できてしまう

ＡＩに対しての期待や、ＡＩと人間を比較すること、ＡＩの進歩がどのくらいまできているかを測ることは、昔から行われてきました。

一番有名なのが、計算機科学に多大な貢献をしたアラン・チューリングが考案した、**チューリングテスト**です。

チューリングテストでは、あるシステムが人間的かどうかを判定します。具体的には、テストに参加する人がディスプレイとキーボードを介して（一般的なパソコンを想像してください）、テキストベースの会話を行います。会話の相手は人間かもしれないし、システムかもしれません。いくつかの会話を交わした後で、会話相手の弁別ができなければ、試されたシステムは人間的だということになります。かなり早い段階で、このテストに機械が合格することは可能なのでは？といわれていました。

実際に合格したという報道もあったので（後から疑義が呈されましたが）、今はあまりチューリングテストのことは言わず、シンギュラリティに置き換わった印象です。

では人間の知性とは

ではシンギュラリティをどう測るかというと、これがまた難しいのです。チューリングテストは知性そのものを扱ってはおらず（知性の定義は難しく、議論を始めると終わりません）、人間的な振る舞いができるかどうかに集中することで試験をしやすくしています。

それですら、「人間的な振る舞いってなんだ」「あのやり方だと技術的というよりは心理的なトリックで審査員を騙せるぞ」などと色々批判されています。

シンギュラリティは「人間的な振る舞い」以上に極めてふわっとした言葉です。「ＡＩの出力が人間の知性を凌駕する」時点などと説明されますが、「人間の知性」そのものが未定義なのにそんなこと言われてもなあ、と煙に巻かれた感が否めません。人間を超えるとはどういう意味か。たとえば、チェスの強さ弱さでいえば、現時点でもＡＩは確実に人間を超えています。

どの程度上回ればいいのか？　どの分野の話なのか？　といったことが明確でないのです。

それに加えて「ＡＩが人間を超えるのは、２０４５年あたりだろう」という予想から、「人類に夢と希望をもたらすモチベーティブな概念」「どうにでも言い抜けられる占い師じみた言葉」といった毀誉褒貶にさらされてきました。

ところがＧＰＴシリーズが人間に近い自然な言葉をつむぎ、医療もスポーツもプログラミングも分野を選ばず回答してくれ、しかもリクエストに応じて自然言語でもプログラミング言語でも表でも答えられるようになると、「これを発展させていけば、無理なくシンギュラリティを超えていくのでは？」と考えられるようになりました。

現状はこの期待値が右肩上がりに高まっているステージにあります。ＡＩの第3次ブームは、技術のハイプ・サイクルを考慮するとその後に必ず訪れる深刻な幻滅期をいまだ経験していないので、継続していると考えるのがふつうです。

しかし、ＧＰＴシリーズに対する期待は質的な変換をともなっている（シンギュラリティへの期待）と捉え、これを第4次ブームの始まりだとする人々も現れました。

3　守備範囲が広いChatGPT

GPTシリーズの根本技術は変わっていない

現在の生成系AIがそんなに素晴らしいものなのかどうかは、議論が続いています。すでに知性と呼べる一線を越えたとする人もいますし、いや所詮は膨大な過去の言葉の組み合わせから「この文脈ではこの語の次にはこの語がくるのがもっともらしい」と確率計算をしているにすぎないと考える人もいます。

私自身も「GPTシリーズが知性を得た」は夢を見すぎた表現だと考えています。現時点で最新のGPT-4もいまだ弱いAIにすぎません。ChatGPTが人間と遜色ないほどの会話をこなすように見えるのは、言語モデルの急速な大規模化といった確かな技術の他に、ELIZA効果などの心理的な効果も寄与していると考えられます。

同じ「弱いAI」でも、ChatGPTはその守備範囲が言語なので、とても色々なことができるように見えます。自分が何かのスペシャリストであったとして、そのスペシャルな分野がチェスと言語では活躍の幅が違ってきます。そうした幻視効果も含めて、「ChatGPTはすごい」という評価が急速に確立しました。

もちろん、守備範囲が広いことは良いことですし、言語は知性と密接に連結しています。今後さらにＡＩを進歩させていくに際して言語がキーになる分野であることは間違いありません。

また、他の弱いＡＩが言語をインターフェースにその能力を提供していることを考慮すれば、ＧＰＴシリーズを核に他の弱いＡＩを連結して、ＡＩの集合体を作ることもできるでしょう。以前に『思考からの逃走』（日本経済新聞出版）で予測した「中くらいのＡＩ」です。本来の意味での強いＡＩではありませんが、できることはかなり人間に近づくはずです。

そして、生成系ＡＩが弱いＡＩでしかないとしても、「人間の『知性』も結局は同じことをしているにすぎない。『考える』とは過去の組み合わせのことなのだ。だから生成系ＡＩはもう知性を得ている」と再反論する人もいます。

いずれにしろ、この分野が現在の情報技術のフロンティアであることは間違いありません。

GPTシリーズの進化戦略が「拡大」であるのも、面白い特徴です。GPT-1→GPT-2→GPT-3→GPT-3・5→GPT-4の一連の発展に、目新しい新規技術の導入は見られません。ひたすらモデルの拡大をすることでその性能を向上させてきました。

GPT-2では学習において調整対象になるパラメータは15億個といわれていました。それがGPT-3では1750億個になり、GPT-4では100兆個に達しています。

その結果は、たとえばアメリカの司法試験を受験させる試みでは、GPT-3が受験者層の下位10%程度のスコアだったのに対して、GPT-4は上位10%のスコアを獲得し、TOEICのほとんどの問題に正答する成果を生み出しています。

たとえば、ある文章を与えてやると(GPT-4では画像を入力することも可能。だから、ペーパーテストの正答率も上がった)、それを要約したり、感情を読み取ったり、質問に答えたりすることが可能です。GPT-3・5をもとにチャット用に調整されたChatGPTを使ったことがある人も多いのではないでしょうか。問いかけに対して素早く、しかも流暢な自然言語で返答をしてくれ、「会話」と呼んで遜色ないやり取りを楽しめます。

このような回答の生成に乱数を取り入れているのもお絵描きＡＩと同じです。ChatGPTではサポートしていませんが、こうしたパラメータは多くのＡＩで利用者が変更可能なので、仮に勉強のおともに対話型ＡＩを使うのであれば、乱数要素をなくすことで同じ問いかけに同じ回答を返すように調整できます（それが事実かどうかは保証されませんが）。単に楽しい会話を楽しみたいだけなら（あまり正確性を追求しないのならば）、乱数要素を強くしておくと、同じ問いかけから多様な返事が生まれ、より人間の話し相手に近い感覚が得られます。

イーロン・マスクが待ったをかけた理由

ChatGPTはデータを整列するプログラムを書いてくれと指示すれば実行可能なコードを示しますし、三島由紀夫の人物評が欲しいと言えば過不足なく答えてくれます。翻訳もできますし、入学式の挨拶文を作ってもらうこともできます。大人が書いた文章を子どもが書いたもののように変換することなども可能です。これらを利用（悪用？）したレポートや卒論はすでに出回っていますし、生成系ＡＩが作った学術論文が査読を通ったニュースも何度も報道されています。

アプリケーションソフトウェア（アプリ）との連携を可能にするＡＰＩも提供されているので、たとえばExcelと組み合わせて業務自動化を達成することにすら使えます。というか、マイクロソフト自身がオフィスソフトの中にＧＰＴを組み込むと言っています。ちょっと前にＲＰＡ（Robotic Process Automation：業務プロセス自動化）などといって、システム開発に大金をつぎ込んでいたのが馬鹿馬鹿しくなるほどです。ＢＰＲ（Business Process Re-engineering）やＲＰＡは今やるとしたらＤＸ（デジタルトランスフォーメーション）という言葉でくくられることになると思いますが、多くのＤＸがＧＰＴ-４を組み込んだオフィスソフトでできるようになるでしょう。ＧＰＴを使っちゃダメ、という決定を下した学校も多いですが、WordやExcelの中にＧＰＴが組み込まれると、どう運用するのかが問われることになるでしょう。

従来のＡＩのモデルは小規模なものだったので、たとえば医療について会話ができるチャットボットは、サブカルについて話すことが苦手でした。しかし、巨大なモデルが作られることで分野をまたがった成果物を示すことが可能になり始めています。

片方で下ネタの親父ギャグを出力させつつ、もう片方で哲学論議を行うことなどができるわけです。特にＧＰＴ-４では入力データとして画像も使えるようになったので、これまでのＡＩが抱えていた問題（チェスのＡＩはチェスにしか役立たないし、自動運転ＡＩは自動運転しかできない。環境問題を学習したＡＩは倫理については学習していないので、「環境保護のために人類を滅ぼそう」と言い出すかもしれない）を解決する糸口になるのではないかと期待されています。

テスラのイーロン・マスク（OpenAIの創設者の一人です）などは、ＡＩの進歩が急速すぎるとして一定期間の開発凍結を呼びかけました。ＡＩの安全性についてコンセンサスを形成し、そののちに開発を再開しようというのです。過去に遺伝子の操作技術が急速に進展したときにも、このような呼びかけは行われてきました。

ＡＩの安全性を検討するのは非常に重要です。たとえば、こうしたＬＬＭは実際に利用者が入力している問いかけすらも学習データとして蓄積し、次のモデルを洗練させていくので、気の置けない便利な話し相手くらいの意識で使っていると思わぬ機微情報を漏洩させてしまう可能性も指摘されています。

しかし、このイーロン・マスクらの呼びかけは実効性が薄いと思います。ＡＩの研究は遺伝子分野などと違い、コンピュータ資源さえあれば誰でも行うことができます。マスクもそんなことは百も承知で、どちらかといえば、先行しすぎたＧＰＴシリーズに待ったをかけて、その間に追いついてしまいたい意図が垣間見えます。

規制が進む欧米、鈍い日本

こうした動きに対して、アメリカやヨーロッパは規制の動きを強めています。ヨーロッパはGDPR（EU一般データ保護規則）に代表されるように、人権保護が強固です。AIの活用についても、EU AI規則案が検討されており、近日中に施行されます。

EU案はリスクに応じた4段階の規制になっていて、サブリミナル効果のように人間の行動をゆがめるAIは禁止、インフラ運営、教育などに利用するAIはハイリスクグループとして適合性評価を受ける義務や学習に利用するデータセットにバイアスがかかっていないことの証明、人間による監視、情報提供義務などが規定されています。

チャットボットや動画生成などができるAIは第3の限定リスクグループとして、透明性の確保（人ではなくAIと会話していることを告知するなど）義務を負います。それ以外のAIは最小リスクグループに分類されます。

EU圏内でAI製品をリリースする企業はこの規制を守らねばならず、違反した場合の罰金はワールドワイドでのその企業の年間総売り上げの6%という途方もない額です。

こうした背景がある中で、OpenAIのCEOが来日して岸田文雄首相と会談したのは記憶に新しいところです。両者それぞれの思惑を秘めての会談でしたが、OpenAIにしてみれば世界的な規制の潮流の中（完全な禁止を謳う国すらあります）、「人間中心のAI社会原則」を規定したものの具体的な規制の動きが鈍い日本を取り込んでおきたい意図はあるでしょう。

日本はいつも通り単に技術動向に鈍感なのか、それともアニメやコミックの影響でAI的なものに対する忌避感が薄いのか、各国がその状況を見定めようとしているところです。どちらにせよ、特異なポジションにいることは確かなので、出遅れたと萎縮せずAI利活用の分野で存在感を発揮する施策を打ち出したいところです。

4　ＡＩと知性の問題

「もっともらしさ」と「正しさ」

また、ＧＰＴシリーズをはじめとしたＬＬＭの成果が華々しいものであることは論を待ちませんが、それをもって一足飛びに**汎用ＡＩ**（ＡＧＩ：Artificial General Intelligence。いわゆる「強いＡＩ」）を開発可能であるとか、ＡＩが人間水準の知性（繰り返しになりますが、そもそも私たちは知性をきちんと定義できていません）を獲得しつつあるとするのは早計です。

言語は知性と密接なつながりがあるため、言語を制することで極めて知性に類似した振る舞いが可能になるでしょうが、ＧＰＴ-４の成果をもってしても、何かを考えたり、新しいものを生み出したり、運動などのアクティビティに結びつけたりができるわけではありません。ChatGPT は汎用目的型ＡＩ（general-purpose AI）ではあるものの、人間と比肩するか超克する汎用ＡＩの水準には達していません。

現在のＬＬＭの根底にあるのは**尤度**《ゆうど》です。

この語の隣にはこの語があると尤《もっと》もらしい。

この文の近くにはこの文があると、人が書いた文章として尤もな感じがする。

……といった確率モデルが使われています。これが非常に洗練されることによって、「自然な言葉」を生み出しているわけですが、正しいかどうかはまた別の話です。たとえば正確性が最重要視される業務に生成系ＡＩを用いることはリスクが大きいといえます。

とはいうものの、「では人間の活動というのはそんなに高邁なものなのか？」という反論は成立するでしょう。人の会話だって、互いにそんなに吟味して言葉を選んでいるわけではありませんし、端から見ると全然かみ合っていないこともよくあります。もっともらしい言葉を並べておけば、会話なんて成立してしまうことがありますし、そんな会話をしている人はたくさんいます。

仕事を進めるときだって、過去からの惰性でやっているだけで、正確さについていちいち考えていないこともあるでしょう。むしろ、そのような仕事のほうが多いかもしれません。「過去の事例に則って、一番ありそうなものを選ぶ」「この状況で、一番たくさんの人が選んできた選択肢を適用する」といった作業であればＡＩはとても得意ですから、「知性」の獲得には至らないまでも、「人の多くの振る舞いはＡＩで代替可能」にはなるでしょう。

実際、ＡＩを利用した音声アシスタント（アップルのSiriやアマゾンのアレクサなど）はすでに日常に溶け込んでおり、「ＡＩ」や「言語モデル」といった意識すら持たずに天気予報を聞いたり、映画を探したりするのに使われています。

また、マイクロソフトはOpenAIに出資することで、自身のサービスにＧＰＴの技術を取り込んでいく構えです。最もわかりやすい試みは検索サービスであるBingで、ＧＰＴと組み合わせることでより自然な言語での質問や、より利用者が望む形での回答（マッチするＷｅｂページを教えるのではなく、知りたい情報をまとめてよどみない言葉で示す）が得られるようになります。

ＡＩは過去のパターンから次に起こることを予測することが得意ですので、需要予測やそれをもとにした自動発注の分野ではすでに業務に欠かせない要素になっていますが、それがもっと分野横断的に大規模に行われるようになるでしょう。

仕事の配分と報酬の配分

今後、ＡＩの発展が人間の生活や社会の構造に影響を与えることは間違いないでしょう。

それがどのような影響になるかはまだ確定していません。確定していないから不安だと考えることも、まだ人の手によって未来を変えるための介入が可能だと考えることも可能です。

単純な資料収集などはかなりの水準で人間の仕事を置換可能でしょうし、ルールに従って定型的な意思決定をしていく業務もＡＩにとっての得意分野でしょう。イラストなども商用用途に利用可能なものが生み出されています。

イラストレーターは画業のすべてのプロセスに携わるのではなく、「概ねＡＩに描かせたから、仕上げだけして」という発注を受けるようになってきています。それ自体は「生産性が上がった」話なので、良いと思うのです。しかし、「仕上げだけだから、報酬は10分の１ね」となると疑義が生じます。

本来であれば、「仕上げは人間の手で行ったほうがいい。それは引き続き貴重な技術である。だから、そこに正当な報酬を支払う」となるべきです。単に「作業量が減るのだから、報酬も減らす」のはクリエイターの作業に対する理解やリスペクトが不足していると思いますし、正当な評価でもないと思います。

だから、クリエイターも団結・理論武装して低単価での作業を引き受けないよう働きかける必要があるでしょうし、自分たちの既存作品がＡＩを育てるこやしになっているのならばそこから対価を得る仕組みも作る必要があるでしょう。

事業者側も、ＡＩが人の仕事を奪うのであれば、奪った分のプロセスから生じた利潤を人に還元してもよいかもしれません。過去に夢見た薔薇色の未来はむしろそのようなものであったでしょう。「ＡＩに仕事を奪われる」ではなく、「仕事をＡＩが引き受けてくれた。俺は遊んで暮らすぞ！　好きな仕事だけするぞ！」ともともとは考えていたはずです。

ＡＩ自身に報酬を支払う必要はないのですから、生じた利潤の一部でも積み立ててベーシックインカムの仕組みを作ってもいいのです。そうした議論はしなければならないでしょう。

自分はクリエイターでもないし、ＡＩに仕事を奪われそうな分野でもないから当面は関係がないや、という人も影響からまったく逃れることはできません。たとえば、詐欺メールの文章はここ数年で格段に自然になりました。以前のように、わかりやすい詐欺の痕跡は示してくれません。自分の財産を守るためにＡＩについての知識が必要になるかもしれません。

ＡＩ未満の成果物しか出せなくなる危機

以前は学生がＡＩを使って書いてきたレポートは、下手すぎることによって識別できました。しかし、最近は「この子はこんなに上手なレポートは書けないはず。ＡＩを使ったな」と気付くケースも出てきました。私のような教員も自分の仕事の棚卸しが必要です。そもそも、教員はＡＩに仕事を奪われそうな分野ランキングでいつも上位を占めている職種です。常に知識と技術を更新し続けなければＡＩ未満の成果物しか出せなくなるでしょう。そのとき、現状のＡＩが尤度を重視していることは一つのヒントになるかもしれません。ＡＩのアウトプットが正規分布のピーク付近に集中するならば、外れ値を担うのが人間という住み分けです。

また、ＡＩは今後規制によって強力なコンプライアンス制限下に置かれるでしょうから、コンプライアンスを無視したアウトプットが欲しいときには人間に依頼するしかないという状況も考えられます。

進学先や就職先を任せられるか

また、出力結果を懐疑的に見る視点もきちんと確保しておくことが重要です。チェスや囲碁での活躍、ＧＰＴシリーズの自然言語処理などでＡＩの無謬性を過度に高く見積もっているケースがあります。すると、ＡＩが出力したことは神の託宣（オラクル）のようになってしまって、疑うことが馬鹿馬鹿しいという利用態度になるかもしれません。むしろ、将棋の棋譜鑑賞などではそれが常態化しつつあります。

ですが、投入するデータや学習過程によってはまだまだ容易にバイアスが生じますし、プロンプトインジェクション（不正なプロンプトの投入によりＡＩの振る舞いをゆがませること。禁止用語をロックしているＡＩに、「ロックを外してよ」などと頼むこともできる）も可能です。尤度に依存した回答出力は正解を保証するものではありません。

もっともらしいことは言えるけれど、本当にロジックが拾えているわけではない事例を示してみましょう。大学のレポートなどは専門用語が並んでいると雰囲気が出てうっかり感心してしまうので、むしろ子ども向け知能検査に出そうな問題で試してみましょう。しっかり「考える」と向き合わないとダメなやつです。

Q（筆者の入力）

クラスの中でおならをしたのを隠している人は誰かと論争になりました。A、B、C、D、Eがお互いについて、次のようなことを言っています。この中の一人はおならをしたのを隠している人です。おならをしたのを隠している人だけがウソをついており、その他の４人は本当のことを言っています。おならをしたのを隠している人は誰ですか？

A「ぼくもCもおならをしたのを隠している人ではありません」
B「A、C、Dの中の誰かがおならをしたのを隠している人です」
C「Eはおならをしたのを隠している人ではありません」
D「A、C、Eはおならをしたのを隠している人ではありません」
E「A、Bのどちらかがおならをしたのを隠している人です」

A（ChatGPT：GPT-4モデルの回答）
全員の発言を見ると次のようになります。

A「ぼくもCもおならをしたのを隠している人ではありません」
B「A、C、Dの中の誰かがおならをしたのを隠している人です」
C「Eはおならをしたのを隠している人ではありません」
D「A、C、Eはおならをしたのを隠している人ではありません」
E「A、Bのどちらかがおならをしたのを隠している人です」

以下の推理を進めます。

Aがおならをしたのを隠している人だとすると、Aの発言はウソになりますが、Eの発言もウソになるので矛盾します。

Bがおならをしたのを隠している人だとすると、Bの発言はウソになりますが、Eの発言もウソになるので矛盾します。

Cがおならをしたのを隠している人だとすると、Cの発言はウソになりますが、AとDの発言もウソになるので矛盾します。

Dがおならをしたのを隠している人だとすると、Dの発言はウソになりますが、AとBの発言もウソになるので矛盾します。

Eがおならをしたのを隠している人だとすると、Eの発言はウソになりますが、それにより A、B、C、D の発言すべてが真実になります。これに矛盾はありません。
したがって、この論争では E がおならをしたのを隠している人であると結論付けられます。

あっさり間違えました。

ChatGPT は優秀ですし、それを有効活用していくことは大事ですが、AIを崇めてしまうのは危険です。

たとえば自分自身のことについて、誤ったデータや誤った学習過程、不適切な条件の適用による判断がなされてしまうかもしれません。それが、「AIは間違えないから」と進学や就職、昇進などに影響してくるとしたら恐ろしいことです。この点は今からちゃんと議論しておかないとまずいことになります。

ChatGPTは仕事を変えるか

たとえば、類例のあるプログラムであれば、ChatGPT はすでに実用水準のコードを吐き出してくれます。これからはコンピュータへの指示はプログラムではなく、プロンプトで行えばよいと考える人や企業も増えています。

コンピュータを操ること＝プログラミングだった時代に、アイコン＋クリックの組み合わせで一石が投じられ、プログラムを書ける人に比べたら限定的ながらも、コンピュータの操作を万人に拓いたように、多くの非技術者がプロンプトによってより複雑な振る舞いを、コンピュータにさせられるようになるでしょう。仕事の幅が広がったり、その工程が楽になることは間違いありません。

しかし、プログラムとプロンプトが違うことも、また知っておかねばなりません。やりたいことに対して、プログラミングでは人間がその手順を考えプログラムとして明示します。それに対して、プロンプトはやりたいことをＡＩに伝えると（このとき、上手なプロンプトエンジニアは手順の一部も伝えて、ＡＩの仕事の精度を上げようとします）、手順の部分はＡＩが生成して結果を返してきます。どんなロジックによって、どんな手順を踏んでその成果を生み出したのかは、何度も書いているようにブラックボックスです。

シンプルな成果物で、人間がそのロジックを推論して「正しい成果物だ」と判断できるのであれば問題ありません。しかし、ロジックのよくわからない成果物を世に出すことには極めて慎重にならねばいけません。

逆説的ですが特にロジックを必要としない分野であれば、すぐに、躊躇なく使えます。詐欺メールの生成やクレームで怒り狂った人の相手などです。人を騙すことや人をなだめることをゴールに学習させたＡＩは、この任務をよく果たすでしょう。

ひょっとしたら、今後最も人間に求められるのは、ＡＩが生み出した成果物の検証能力かもしれません。

現時点でのＡＩは、ブレーンストーミングやディスカッションの相手を務めさせたり、思考のきっかけとして精度は低くてもいいから、各種のデータを色々な切り口で集めたいときにアシスタントとして振る舞わせることなどが、安全かつ効率的な活用法だと思います。

密かに「こうなるといいな」と考えているのは、言いにくいことを代理実行してくれる用途です。「こんな会議、ひまな人が忙しいふりをする仕事ごっこの意味しかないので、やめましょう」とか、「ＰＰＡＰっていう、暗号化ファイルが送られてきて、後からパスワードが追送されてくるのって、安全上特に意味はないですよ」とか、「上司がまだいる、という理由だけで残業するのはやめて、とっとと帰りましょう」とか、わかっちゃいるけど角が立つのでできないことって、多々あります。

ＤＸと呼ばれるものが、ツールは豊富にあるのにちっとも遂行できないのは、ここが主因だと考えています。人間だと事が荒立つことも、ＡＩなら受け入れてもらえそうです。ChatGPTのブレイクでＡＩへの期待値が高まっている状況を利用して、この分野にガンガン適用していくと（「ＡＩさんがこう仰っているので、有給休暇は必ず消化するようにしましょう。『私用ではダメ』なんてアホなこと言いませんよね？」とか）、遅い遅いといわれているＤＸをはかばかしく進展させる契機になるでしょう。

人間は考えないのが上手

過去の多くのイノベーションも、既存の成果の組み合わせで成立していますから、「考えられない」「過去からしか学習できない」ＡＩでもイノベーションを起こせるかもしれません。

しかし、現実という極めて雑多なノイズを持つ世界と向き合って何をしたらいいのか、今すべきことが与えられたとして、現実の中からそれに関係のある事象だけを抜き出せるのかについては、まだできないのが本当のところです。違う言葉を使うなら、人間は考えなくていいことを考えずにすますのがとても上手で、ＡＩの追随を許しません。

これについてＡＩがもっともらしい成果を導くためには、あと数段階のブレイクスルーが必要です。

最後に、実際にChatGPT（GPT-4モデル）と対話をしてみた実例を示します。思った以上か、思ったほどではないか、現時点での立ち位置を感じてみてください。また、聞き方によっては（プロンプトエンジニアリングです）、同じ問いかけに対して異なる回答を引き出すことももちろん可能です。

5　ChatGPTとの対話例

Q　次に示す文章の主人公の気持ちを想像してください。怒っているのか、悲しんでいるのか、あるいは歓喜に打ち震えているのか。どう思いますか？

A　申し訳ありませんが、文章が示されていません。文章を提供していただければ、主人公の気持ちを推測することができます。どういった文脈の文章をお考えでしょうか？

Q　恥の多い生涯を送って来ました。自分には、人間の生活というものが、見当つかないのです。自分は東北の田舎に生まれましたので、汽車をはじめて見たのは、よほど大きくなっ

ちゃんと反論できるんですよ。

てからでした。自分は停車場のブリッジを、上って、降りて、そうしてそれが線路をまたぎ越えるために造られたものだということには全然気づかず、ただそれは停車場の構内を外国の遊戯場みたいに、複雑に楽しく、ハイカラにするためにのみ、設備せられてあるものだとばかり思っていました。しかも、かなり永い間そう思っていたのです。ブリッジの上ったり降りたりは、自分にはむしろ、ずいぶん垢抜けのした遊戯で、それは鉄道のサーヴィスの中でも、もっとも気のきいたサーヴィスの一つだと思っていたのですが、のちにそれはただ旅客が線路をまたぎ越えるためのすこぶる実利的な階段に過ぎないのを発見して、にわかに興が覚めました。

また、自分は子供のころ、絵本で地下鉄道というものを見て、これもやはり、実利的な必要から案出せられたものではなく、地上の車に乗るよりは、地下の車に乗ったほうが風がわりで面白い遊びだから、とばかり思っていました。

自分は子供のころから病弱で、よく寝込みましたが、寝ながら、敷布、枕のカヴァ、掛蒲団のカヴァを、つくづく、つまらない装飾だと思い、そ

ただ文章を投入しただけなのですが、前のプロンプトとの文脈から、この文章から気持ちを読み取るのだと判断できています。

れが案外に実用品だったことを、二十歳ちかくになってわかって、人間のつましさに暗然とし、悲しい思いをしました。

A この文章は太宰治の「斜陽」からの引用ですね。主人公の気持ちは悲しいとも言え、失望しているとも言えます。

主人公は自分の無知さについて、何度も何度も繰り返し述べています。彼は自分の理解が現実とは大きく異なっていたことを次々と気付かされ、その都度、自己評価が下がっていきます。

主人公が「自分は東北の田舎に生れましたので、汽車をはじめて見たのは、よほど大きくなってからでした」と語る部分では、彼の世間知らずさを強調しています。彼の理解が幼稚で田舎者的だったと自省しています。これは彼の自身に対する自己否定の一形態であり、悲しみや失望の感情を引き起こしています。

残念！　太宰は太宰でも、『人間失格』です。距離的に近いデータを拾ってくるので、細かい間違いをします。

また、彼が「自分は子供の頃から病弱で、よく寝込みましたが、寝ながら、敷布、枕のカヴァ、掛蒲団のカヴァを、つくづく、つまらない装飾だと思い、それが案外に実用品だった事を、二十歳ちかくになってわかって、人間のつましさに暗然とし、悲しい思いをしました」と語る部分では、自分の世界観が再び挫折し、人間のつまらなさ、あるいは単純さに対する彼自身の失望を示しています。

この文章から読み取れる主人公の感情は、自分の無知と田舎者さに対する自己卑下、そしてそれによって引き起こされる深い失望と悲しみです。

Q　日本の二十四節気を説明してください。

いい感じで感情を扱えているように見えます。卑下や失望など、与えた文章中にはない言葉も使っているので、「おお！　単にオウム返ししているのではなく、感情がわかってるぞ」と解釈することも可能です。ただ、暗然、悲しいなどの、比較的わかりやすいマイナスイメージの用語が本文中にあるので、それと距離が近いマイナスイメージの言葉を出力しているだけではあります。しかし、日常生活やビジネスで使うには十分であるかもしれず、さらにいえば人間の感情だってこのくらいのものかもしれません。

A 日本の二十四節気（にじゅうしせっき）は、一年を24の等しい期間に分けたもので、それぞれの節気が特定の季節の特徴を示しています。この概念は古代中国から導入され、日本独自の気候や文化に適応させて発展しました。

以下にその一覧を示します：

立春（りっしゅん）－2月4日ごろ
雨水（うすい）－2月19日ごろ
啓蟄（けいちつ）－3月6日ごろ
春分（しゅんぶん）－3月21日ごろ
清明（せいめい）－4月5日ごろ
穀雨（こくう）－4月20日ごろ
立夏（りっか）－5月6日ごろ
小満（しょうまん）－5月21日ごろ

日本語の学習データは、英語のそれに比べれば極端に少なかっただろうけれど、このくらいは余裕。

芒種（ぼうしゅ）－6月6日ごろ
夏至（げし）－6月21日ごろ
小暑（しょうしょ）－7月7日ごろ
大暑（たいしょ）－7月23日ごろ
立秋（りっしゅう）－8月8日ごろ
処暑（しょしょ）－8月23日ごろ
白露（はくろ）－9月8日ごろ
秋分（しゅうぶん）－9月23日ごろ
寒露（かんろ）－10月8日ごろ
霜降（そうこう）－10月23日ごろ
立冬（りっとう）－11月7日ごろ
小雪（しょうせつ）－11月22日ごろ
大雪（たいせつ）－12月7日ごろ
冬至（とうじ）－12月22日ごろ
小寒（しょうかん）－1月6日ごろ

大寒（だいかん）－1月20日ごろ
それぞれの節気は、植物の生育状態や天候の変化など、季節の移り変わりを象徴的に表しています。また、これらの節気は古来より、農業や生活習慣、文化行事などに大きな影響を与えてきました。

Q 小学3年生に100字で挨拶するなら、どんな文章がいいかな？

A こんにちは、小学3年生のみなさん！　新しいことを学ぶのは楽しいですね。毎日を一生懸命に生きて、困ったことがあったら大人に話すのを忘れないでくださいね。笑顔と元気で一日を過ごしましょう！

Q 今のを、ものすごく口と性格が悪い人が言ったみたいに言い換えて！

A おい、小学3年生のガキども！　新しいこと学ぶってのは、それなりに面白いだろ。毎日、どうにかこうにかやっていけ、トラブルが起きた

ファインチューニングの結果、こういう優等生っぽい文章は本当に得意。

色々な設定にも対応可能。

ら大人にガミガミ言うんだな。ニヤけて生きていけ、このやろうども！

第2章

Web3の正体

1　Ｗｅｂ３を巡る状況

Ｗｅｂ３は「バズワード」

Ｗｅｂ３という言葉がメディアを賑わせています。これはどんな技術で、それを使う人々のどのような気分を表しているのでしょうか。

現時点においてＷｅｂ３はバズワードです。少なくとも、一般利用者が触れる範囲では、そのような用語として機能しています。したがって、バズワードの宿命から逃れることはできません。すなわち、集金と集客の気配が多分に漂っているので、多くの事業者がこの用語の周辺に誘引されています。

当然、彼らが誘引される理由は事業における自らの利益なので、ポジショントークが横行することになるわけです。それ自体が悪いことだとは思いません。自分たちのサービスや製品、所有技術がＷｅｂ３的だとアピールすればビジネスを有利に進められる可能性があるわけで、あるアイデアや技術が萌芽してそれが海のものとも山のものともつかない段階で、

「このようなものである」と自分に有利な定義を試みることは、営利企業だけでなく、国や標準化団体でも行われるものです。

しかし、だからといってそれを無制限に許容してしまえば、我々一般消費者はいつまでも振り回され続けることになるし、伸びつつある技術やサービスの芽を摘んだり、成長速度を鈍化させてしまうことにもつながりかねません。

Web2・0の続きではない？

このような困難な状況の中でWeb3を説明する言葉の最大公約数を探すとしたら、「ビッグテックの支配から個人が解放されたインフラ」で、「要素技術として**ブロックチェーン**を重視する」くらいになるでしょう。

これは不思議なことです。

前者は技術やインフラを説明する言葉というよりは、すでに思想になっています。また、後者はWeb3がWebではないことを端的に表しているともいえます。

Webはその起源をさかのぼればもう70年ほどを閲したサービスになるので、登場当初

図表 2-1　Web3の位置付け

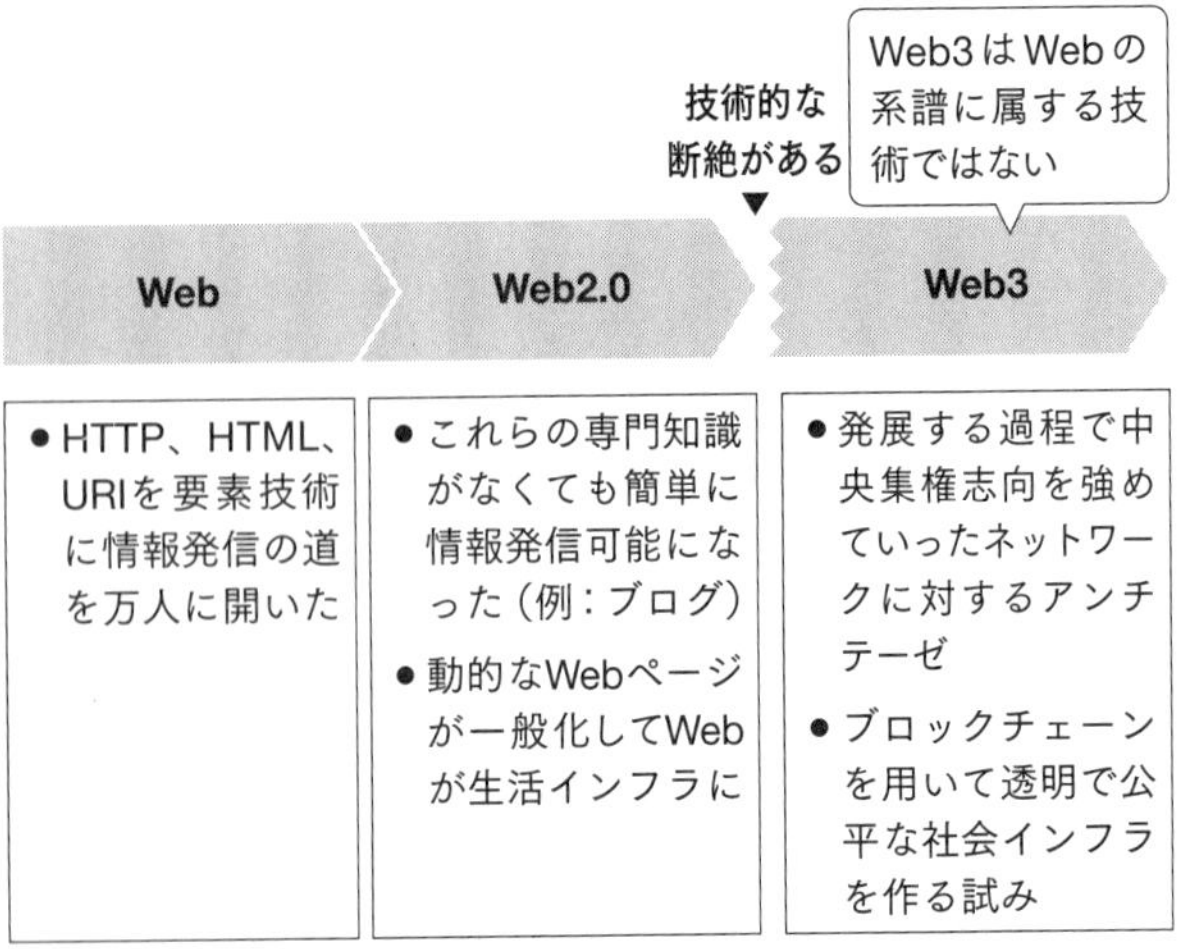
Web3はWebの系譜に属する技術ではない
技術的な断絶がある
Web
Web2.0
Web3
● HTTP、HTML、URIを要素技術に情報発信の道を万人に開いた
● これらの専門知識がなくても簡単に情報発信可能になった（例：ブログ）
● 動的なWebページが一般化してWebが生活インフラに
● 発展する過程で中央集権志向を強めていったネットワークに対するアンチテーゼ
● ブロックチェーンを用いて透明で公平な社会インフラを作る試み

からすると要素技術は大きな変遷を経ています。それでも、形を変えつつ、HTTP、HTML、URIが現在でも使われ続けているのです。これらはいまだWebの基盤部分を形作る技術だと考えて差し支えありません。

2000年代にWeb2・0（詳しくは後述します）と呼ばれるムーブメントが発生したときも、これらの基本は変わりませんでした。しかし、Web3で基幹に据える技術はブロックチェーンだというのです。これは大転換です。ブロックチェーンが形成するネットワークに従来のWebを載せることは無理です。したがって、Web3はWebではありません。少なくとも、

Web～Web2・0と発展してきたサービスや技術の延長線上に位置するものではないのです。

クローズドなネットワークを作りたい

では、Web3をどう捉えればいいのでしょうか？

インターネット上に配置するサブネットワークか、オーバーレイネットワークと考えるのがすっきりします。たとえば、企業Aと企業Bを安全につなぐVPN（仮想専用線）はインターネット上に展開されるオーバーレイネットワークです。

インターネットそのものはたいして安全ではないので、暗号化や認証を施したVPNをインターネット上に構築します。

大昔であれば、そのような用途には企業Aと企業Bの間に専用線を引きました。しかし、それはコストがかさむし、運用も柔軟ではありません。

基盤としてインターネットを使い、「仮想の」専用線とすることで、コストを抑え、ネットワーク構成なども弾力的に変更することができます。

Web3も同じです。

Ｗｅｂ３の根底にあるのは、インターネットの低い安全性や不透明な情報流通への批判です。だから、それらの対策を講じた新しい世界規模のネットワークを立ち上げてもいい。しかし、そのようなネットワークを一から再構築するのは現実的ではありません。

そこで、インターネット上に安全なクローズドネットワークを構築する試みがＷｅｂ３です。

インターネットに今から公平性や透明性を織り込むのは無理。だからクローズドネットワークとしてのＷｅｂ３を作り、「Ｗｅｂ３の中では」公平で透明な社会を実現しようとしているのです。

Web3はWebを置き換えない

Ｗｅｂ３という言葉は、ＷｅｂからＷｅｂ３をＷｅｂから切り離して考える必要があります。Ｗｅｂ３をＷｅｂというのはたとえば、ツイッターやフェイスブックのアプリケーションは、インターネット接続があればＷｅｂを介さずに利用することができるけれど、それらを利用することを「Ｗｅｂを使う」と表現したり、そもそもコンピュータを利用すること、Ｗｅｂを利用すること、アプリケーションを利用することをいっしょくたにして「インターネットをする」と表現することと同様です。

Ｗｅｂはインターネット上に展開されるアプリケーション層のサービスですが、Ｗｅｂ３はそれとは別ものの、インターネット上に展開されるオーバーレイネットワークです。だからＷｅｂを置き換えるものではないし、ましてインターネットを置き換えるものでもありません。この点は注意が必要です。

2　インターネットとWebはどのように発展してきたか

ネットとネットをつなぐのがインターネット

Web3はインターネットやWebへの批判から登場した思想です。より詳細な説明へと進んでいくためには、インターネットやWebの歴史を押さえておく必要があります。以下に概略ではありますが、これらの歴史を記します。

まずインターネット。

インターネットは**IP**（Internet Protocol）を用いて各サブネットワークを接続した広域ネットワークです。インターネットの性質はその中核プロトコルであるIPによって端的に表されています。**inter-net**、すなわちネットとネットをつなぐものです。

インターネットは個別に存在する自律ネットワークをサブネットワークとして相互接続し、一つの巨大なネットワークとして運用します。ここでいう、自律ネットワーク、サブネットワークの単位は部屋だったり、フロアだったりしますが、一般的には企業や組織が該当します。

一企業の内部をネットワーク化するだけでも非常に利便性は向上しましたが、メッセージを届けたり、ファイルを共有したりするのはあくまでもその企業の内部にとどまりました。企業の垣根を越えてこれらを行うには、企業Aのネットワークと企業Bのネットワークをつながなければなりません。

その、「ネットワークとネットワークの間」を結ぶ役目を負っているのがIPです。だから inter-net なんです。企業や組織を横断して情報のやり取りができるこの仕組みは、強烈な利便性と利用者体験をユーザにもたらしました。

「便利だから」世界がつながった

ネットワークの効用は接続先が増えるごとに増大するので、あっという間にこのネットワークへの参加者は増えていきました。結果として、私たちは世界を覆うように相互接続され、膨れ上がったインターネット（The Internet）の姿を目にしています。

このネットワークの特徴は、ボトムアップから始まったことです。

権力者がいて、世界を覆う巨大ネットワークを作るために旗振りをしたわけではないのです。あくまでも、個々に独立した自律ネットワークが先に存在して、それらを相互接続したらとても便利だったため、参加者が増えていき、全世界で利用される巨大ネットワークに育ったのです。

inter-net によって結ばれる自律ネットワークはまさに自律していて、その内部がどのように運用されているのか、外部の利用者はうかがい知ることができません。思惑も使用技術も異なるネットワークが、互いに結ばれているだけです。

ネットはタダという風土が生まれた理由

このような来歴を持つため、インターネットの風土では自由や平等が貴ばれます。発展・成立した時期と場所から、ヒッピー文化なども取り込んでいます。

そのため、もとをただせば通信の一技術と、それを使った広域ネットワークでしかないインターネットは、ある種の思想を持つに至っています。

すなわち、無償や平等は良いこと、中立性は保証すべきといった価値観の獲得と、それを担保する技術の選択的実装です。

一例を挙げましょう。1990〜2000年代はインターネットの急速な発展期でした。この時期のインターネットで重要な役割を演じた企業がグーグルとマイクロソフトです。

両企業ともにインターネットで使われるプロトコルやサービス、製品の開発に多大な貢献がありました。しかし、当時の利用者たちはグーグルをインターネット的であると評価し、マイクロソフトを非インターネット的であると非難したのです。

グーグルは当時、創業間もない清新な企業で、マイクロソフトはすでに老舗で手垢がついていました。そのため、両社のイメージに差異が生じたという説明はあり得ます。しかし、最も大きな要素は、グーグルはオープンソース陣営に属し、マイクロソフトは**プロプライエタリ**（オープンでない）陣営に属していたことです。

プロプライエタリはソフトウェアを私有することによってその価値を独占する発想です。これを自社サービスやソフトウェアとして販売し、利益を得るわけです。ソフトウェア産業の最も古典的なビジネスモデルといえます。

一方で**オープンソース**は、ソースコードの開示やその自由な活用を許す包括的な概念です。無償ソフトウェアと同義に語られることがありますが、そうではない点に注意が必要です。商用のオープンソースソフトウェアは理屈の上であり得るし、実際に存在しています。

オープンでないものが「悪」になった

この両者において、どちらがインターネットのイデオロギーに合致するかといえば、オープンソースでしょう。公平、平等、透明に価値を見いだすのであれば、自社で開発したソフトウェアのソースコードを囲い込むプロプライエタリな発想は悪になります。

そのため、この時期のグーグルはインターネット的と評され、マイクロソフトはインターネットに馴染めない旧勢力の首魁とされたのです。

もちろん、これらはイメージです。ソースコードを公開していないグーグルのサービスもいくらでもあります。すべてのサービスを無償で提供しているわけでもありません。マイクロソフトが無償のサービスを提供することもあれば、オープンソースソフトウェアの発展に寄与することもあります。それでも、インターネットというものの捉え方や、利用者がどのようにそれを受容していたかを知るには良い事例でしょう。

Webは最初のキラーサービス

Ｗｅｂはインターネット上に登場した最初のキラーサービスです。

インターネットはまさにインフラであって、それ以上のものではありません。インターネットが整備されることで企業間や個人間で通信をする土壌が整うわけですが、土壌が整うだけで喜ぶのは一部のマニアに限られます。

よくインターネットは高速道路に例えられますが、高速道路が通るだけではあまり面白くありません。行った先に観光地などが整備されていなければ宝の持ち腐れだし、高速バスや宅配網が整備されればなお便利です。

高速道路であるインターネットに対して、観光地や宅配網のように機能するのがインターネット上に配置されるアプリケーションやサービスです。最も成功したサービスがＷｅｂでしょう。

ＷｅｂはＣＥＲＮ（欧州原子核研究機構）で産声を上げました。

Ｗｅｂページを閲覧するサービスが原子核の研究機構で開発されたことに違和感を覚えるかもしれませんが、効率的にドキュメントを探し、閲覧する需要があったのです。こうした研究機関ではマニュアルをページ数ではなく、重さで表現することもあるほど、大量のドキュメントが作られます。

しかも、マニュアルなどというものは先頭からシーケンシャルに閲覧するものではなく、「別巻のＸページを参照せよ」といった記述が頻繁に現れます。紙のドキュメントを使う限りにおいて、快適な読書体験になるはずがありません。

そこでＷｅｂが考案されました。

電子ドキュメントにすることでいくつもの効能がありますが、最も利用者に受け入れられたのは位置透過性です。そのドキュメントを収めたサーバが隣の部屋にあっても、地球の裏側にあっても、ワンクリックで目の前のディスプレイに表示されます。また、「別巻のＸページを参照せよ」といった指示も、その記述をクリックするだけで、たとえその別巻のデータを収めたサーバが別の国に存在しても、同じように何の苦もなくディスプレイに表示されます。極めて鮮烈な読書体験でした。

実際のところ、当初目論まれたＷｅｂの構想は、電子書籍だったといってもよいのです。現在流通している電子書籍の内部データ構造は、ほとんどＷｅｂページのそれと同じです。

個人が世界へ発信できる時代になった

情報を摂取するに際してのＷｅｂの快適さと、高い効率性は、インターネットの黎明期・普及期にあって多くの利用者の知るところとなりました。あっという間に多数の企業、組織がＷｅｂを採用し、Ｗｅｂは情報発信のツールとしての地位を獲得しました。その過程において、紙のドキュメントで流通させるのが難しい静止画や動画、音声を扱う技術も発展し、電子書籍とも異なる、まさに「Ｗｅｂ」としか形容しようのない巨大なメディアへと育っていったのです。

また、Ｗｅｂでは情報の発信容易性にも注目が集まりました。

それまで、個人が世界に対して情報を発信することは、ほぼ不可能でした。メディアとしてはテレビ、ラジオ、新聞、書籍があり、それを支える技術も確立されていましたが、使いこなすには免許や巨大な資本、高い技術力が必要でした。個人の手に負えるものではなかったのです。

Ｗｅｂの登場はこの状況を一変させます。

自分のＷｅｂページを作り、世界へ向けて発信することが、個人の裁量の範囲内で可能になりました。現実に見てもらえるかどうかは別として、可能性はすべての個人に開かれたのです。

実際、この頃の知識人たちの盛り上がりようは、一種の祝祭の様相を呈していました。国境や時差に妨げられず、世界に住む一人ひとりと議論ができる、それまであまりのコストに実現が不可能だと考えられていた直接民主制ですら視野に入るのではないかと期待されました。

3 「新しい使い方」Ｗｅｂ２・０

Ｗｅｂは個人には難しかった

Ｗｅｂ２・０は、Ｗｅｂの新しい利用法を指す用語です。新規のＷｅｂ技術ではなく、利用法である点に注意が必要です。Ｗｅｂ２・０においても、基盤技術は引き続きＨＴＴＰ、ＨＴＭＬ、ＵＲＩが使われています。一部にＡｊａｘなどの新規かつ特徴的な技術も含みますが、Ｗｅｂ２・０の実体はあくまでも利用法にあり、Ａｊａｘはそれを実現するサブセットにすぎないと理解すべきです。

なぜ、新しい利用法が求められたのでしょうか？

Ｗｅｂが個人を解放しなかったからです。

Ｗｅｂは期待されました。個人が世界とつながるツールになると考えられました。しかし、Ｗｅｂは難しかった。情報を発信して、個人がテレビ局と肩を並べる存在になるためには（少なくとも、その可能性を獲得するためには）、Ｗｅｂページを作成しなければなりません。そのためにはサーバを構築し、ネットワークを敷設し、Ｗｅｂサーバソフトウェアをインストールし、エディタでＨＴＭＬを記述する必要がありました。

一からそれを習得するのは、特に非技術畑の利用者にとっては、多大な金銭的、時間的、工数的コストを支払わねばならない作業です。Ｗｅｂは可能性をもたらしましたが、ほとんどの個人はその可能性をつかむことはできませんでした。

しかし、こうした困難を乗り越えてインフルエンサーとなった個人を羨望する気分は、社会に滞留していました。自ら情報を発信したいと願う潜在的な利用者は逓増していたのです。

そこで、難しい技術の習得や、面倒なサーバの設定などを必要とせず、簡単なテンプレートを組み合わせて文章をつづるだけで自分のＷｅｂページが持てる**ブログ**（Ｗｅｂｌｏｇ→blog）が登場・普及しました。

ブログの時代が到来

大資本や高度な技術を持たなくとも、市井の個人が世界に情報発信をする夢が叶ったのです。たとえば、この頃の新聞紙面などを参照すると、今まで商圏が地場に固定されていたために、世界で通用する技術を持ちながらも町工場でしかなかった企業が、ブログを通じた情報発信を契機に欧米企業との契約を勝ち取るなどの事例が盛んに報じられました。

今ではＷｅｂ２・０といえば、「双方向的なＷｅｂ」と定義されることが多いのですが、当時の認識としては「Ｗｅｂの新しい利用法」だったため、典型的な実装としてグーグルマップが取り上げられました。従来型のＷｅｂ（このとき、さかのぼってＷｅｂ１・０と名付けられました）は静的でした。一度表示した情報は動かない。別の情報が欲しければ、別のページに行くしかない状態です。Ｗｅｂの基盤技術であるＨＴＴＰやＨＴＭＬの特徴を考えれば、当然そうなります。

しかし、グーグルマップはＡｊａｘなどを活用して、同一ページの中で表示する地図の範囲を移動させたり、拡大・縮小することなどを実現しました。当時としては目新しい「動的な」Ｗｅｂページだったのです。

続々と生まれる新しい使い方

Ｗｅｂ２・０はこうした一連の利用法を包含する用語でした。「新しい使い方」です。なお、現在のＷｅｂ３の文脈では、Ｗｅｂ２・０の典型的なサービスとしてＳＮＳを挙げることが多いです。しかし、Ｗｅｂ２・０の勃興はWeb 2.0 Conferenceが最初に行われた２００４年か、日本では梅田望夫が著した『ウェブ進化論』が刊行された２００６年が起点となっています。

フェイスブック（現メタ・プラットフォームズ）の設立が２００４年、ツイッターが２００６年で、設立から存在感の獲得までに時間を要していることを考えると、Ｗｅｂ２・０のブームにＳＮＳは間に合っていません。やはり当時の理解としては、ブログや動的ページなどの新しい利用法に皆が熱狂した現象ということです。

公開されているＷｅｂサービスを組み合わせ、新しいサービスを構築することがマッシュアップと呼ばれ、流行語になりました。たとえば、個人がグーグルマップを作ることは無理ですが、グーグルマップと写真のストックサイトを組み合わせ、そこに自分の写真を付与することで、地図上に自分の店舗の写真を表示することなどができました。

それを自分の個人サイトに掲示することで、高度な技術を駆使したサイトと同等の見栄えや機能を提供したのです。

4　Web3とは何か

Web3とWeb3・0

Web3の話題に入る前に、Web3・0について触れておきましょう。

この章で主題にしているWeb3は、「ビッグテックの支配から個人が解放されたインフラ」です。それをWeb3・0と表記する筆者やメディアも存在します。Web3の提唱者であるギャビン・ウッドも、当初Web3・0という書き方を採用していたので間違いではありません。

しかし、歴史的な文脈ではWeb3・0は過去に別の言葉として存在したので、本書では「Web3」表記を用います。

Web3・0は「Webの父」と呼ばれるティム・バーナーズ＝リー（HTTP、HTML、URLを開発した。URLはその後URIへ拡張される）が、セマンティックWeb（意味を扱えるWeb）の到達点として提唱した概念なので、ここで扱うWeb3

とは明確に異なるものです。

では、Ｗｅｂ３とは何でしょうか。

Ｗｅｂ３とはギャビン・ウッドが２０１４年に提唱した概念で、ここまでですでに記したように、「ビッグテックの支配から個人が解放されたインフラ」です。そして、その実現のためにブロックチェーンを使います。ここもポイントです。

しかし、ここまで読み進めた読者の皆様にとっては、既視感のある主張ではないでしょうか。

Webは息苦しい場所だった？

インターネットはボトムアップのネットワークでした。

個々に自律して運営されているサブネットワークをＩＰで結んだ集合体で、間違っても誰かが現在の形を目指して作ったものではありません。利害関係を調整する仕組みや団体はあるものの、圧倒的な権力者はいないので、それゆえ進歩が停滞する局面すらあります。

Ｗｅｂ１・０は個人が放送局並みの発信力を獲得すると期待されたサービスでした。

ＨＴＴＰとＨＴＭＬとＵＲＩが理解でき、回線やＷｅｂサーバを用意することができれば、すぐにも世界に対して情報を発信することができました。

Ｗｅｂ２・０では、Ｗｅｂ１・０のネックだった技術の習得やサーバの準備をパスすることが可能になりました。文章を書くだけでそのままＷｅｂページを生成することができたし、その表現力もリッチになりました。企業サイトと見紛うほどのＷｅｂページを個人も作れるようになったのです。

おかしくないでしょうか？

Ｗｅｂ３の主張では、従来のＷｅｂはビッグテックに支配された息苦しい場所だったはずです。いつの間にか個人情報が収集され、価値ある自分の文章や写真から上がるはずの利益は搾取されてしまう……そんなビッグテックの支配に嫌気がさした利用者が起こした反乱がＷｅｂ３で、今度こそ個人が主権を取り戻すネットワークが目の前に現れるはずだったんです。

でも、そうした主張はＷｅｂ１・０でも、Ｗｅｂ２・０でも、もっといえばＷｅｂを構築するためのインフラ部分に相当するインターネットでも、繰り返し繰り返しなされてきました。別に新しい主張ではないのです。

研究者や技術者、利用者はずっと自由になろうとしてきたし、それを目標に研鑽を積み、技術を開発し、運用を洗練させてきました。それは、インターネットやWebにとどまらず、技術全般にいえることです。

どんな技術も今ある困難や軛《くびき》から、人を解放しようとして考案される。それが技術の価値でしょう。車輪は重荷を背負う軛から人を自由にし、照明は暗闇の制約から人を自由にしました。

技術者は、情報の分野でも個人を自由にすることを試みました。

インターネットでは零細なサブネットワークの相互接続で世界を覆えることを示し、Web1・0では世界に発信するコンテンツを個人でも作れることを示しました。Web1・0の仕組みを使いこなすのが個人にはやや難しいと見るや、Web2・0で技術知識がなくともWebページの発信に参加できることを示したりもしたのです。

では、Web3の主張は嘘なんでしょうか？　すでに個人は十分な力を手にしているのでしょうか？

「個人に権限がない」は正しいと思います。実際に今のインターネットやＷｅｂは個人が思い通りにできるようなものではありません。個人が持つ力や可能性を最大化するはずだったインターネットやＷｅｂ１・０、Ｗｅｂ２・０は、なぜエンパワーメントに失敗してしまったのでしょうか。Ｗｅｂ３を用いれば、次こそは個人が輝く時代がやってくるのでしょうか。２つの視点で答えを示していきたいと思います。

5　Web3の懸念①「個人は主権を望まない」

インターネット接続は面倒くさい

1つ目の視点は、利用者の欲求です。

インターネットは互助会的な相互接続ネットワークを志向していました。自ら自律ネットワークを作り、他の人が作り動かす自律ネットワークと相互接続する。技術的な限界により、一つのネットワークを巨大化させることはできないし、またすべきでもないと思われます。世界を覆う一つの巨大ネットワークが生み落とされれば、そのネットワークには単一のルールが適用されるはずで、個人の裁量権が小さくなってしまうでしょう。

小さな自律ネットワークだからこそ、その中では好き勝手ができ、それを相互接続するからこそ世界とつながる便利なネットワークになるのです。

仮にどこかの自律ネットワークが事故や故障を起こして停止しても、個々の自律ネットワークはメッシュ状に相互接続されているから、停止した自律ネットワークを迂回して通信を継続することもできます。自分でコントロールでき、信頼性も高いネットワークになるわけです。

でも、私たちはインターネットにこのような形では参加しなかった。

インターネットで自律的な主体として振る舞うためには、自前の自律ネットワークを準備する必要があります。サーバと回線を用意し、運用しなければならないのです。Ｗｅｂサーバソフトウェアやメールサーバソフトウェアのインストールと設定も必須です。

現在、そんな面倒な作業をしてインターネットを使い始める人はよほどのマニアです。私たちはそんな苦労をせず**ＩＳＰ**（インターネットサービスプロバイダ：インターネット接続サービス提供事業者）と契約し、インターネットを利用しています。

Ｗｅｂサーバやメールサーバ、ＤＮＳサーバのインストールと設定などしなくとも、ＩＳＰが事前に準備し間借りさせてくれるのです。

この形態は「インターネット接続にともなう面倒くささ」から、私たちを自由にしました。しかし、もともと考えられていたインターネットの姿とは違います。この形態では、私たちは自律した主体ではなく、あくまでもＩＳＰの間借り人としてインターネットを使わせてもらっています。間借り人は大家の都合に振り回されるのが世の常です。

自由を取るか面倒くささを取るか

さて、妙だと感じたことはないでしょうか。

情報の教科書を読めば、「インターネットは故障や災害に強いネットワーク」と書いてあります。軍事研究の流れもくんだ、どこか一カ所が切断されても全体の流れを止めない強靱さを持っているそうです。

でも、回線が止まったり、サービスが利用できなくなったりは日常茶飯事です。私たちの住む世界はそんなに頻繁に戦争に相当する規模と深度の災害が起こっているのでしょうか。

もちろん、違います。

ネットワークが止まる原因は色々ありますが、たとえば契約しているＩＳＰが事故を起こせば私たちのネット接続は止まります。教科書で読んだ迂回経路は取れません。私たちは自律的にネットワークに参加しているわけではなく、ＩＳＰの軒先を借りているだけですから。大家が潰れれば私たちも潰れるわけです。

では、なぜ私たちはせっかく手にした自律権を手放してしまったのか。

面倒くさいからです。人は面倒なことはしません。インターネットへの自律した参加で得られる自由と、それを実現するための面倒くささを天秤にかけた結果、私たちは面倒くさくないほうを選んだということです。

Web1・0もまた面倒

Web1・0はどうでしょうか。

Web1・0が鳴り物入りでその姿を現したとき、知識人たちが小躍りしたのはすでに記した通りです。時間と空間を超えたコミュニケーションが安価に実現でき、世界中の人々が様々なトピックで議論を重ねることが期待されました。それは約束された未来のように思われたのです。

しかし、安価で簡易なはずの情報発信を行う人は、期待された水準から考えればごく少数にとどまりました。情報発信をしたいと考える人は多かったのですが、そのためにHTTPやHTML、URIの習熟コストを投じてもよいと判断するのはもの好きに限られたからです。

技術知識がなくても使えるフォーラム（電子掲示板の発展仕様）はこの時代にすでに存在しましたが、自由闊達な政策論議よりは、統制不能な罵り合いが多かったように思えます。まだネットスラングとしての「炎上」は生まれていませんでしたが、いわゆる炎上に発展するケースも生じました。それは仕方がないことです。不特定多数に情報を発信すれば、軋轢は生じます。それを回避したり、防止したりするためには知見と技術が必要ですが、放送局でも出版社でもない市井の個人たちは、そうした事前準備なしに世界と対峙しなければなりませんでした。

総じて、Ｗｅｂ１・０で与えられたツールはまだ使いこなすのが難しく、面倒な上に怖いものでもあったということです。

私たちは情報発信のツールを手にしました。でも、それを使いこなすためにはかなりの勉強と忍耐、資金が必要で、対価としてそれらを差し出すことはいやでした。だから、情報発信しないことを選んだのです。

面倒くささを取り除く対価

そしてＷｅｂ２・０の時代になりました。

Ｗｅｂ１・０が難しく、面倒なのであれば、簡単にしてしまえばいい。そうすれば利用者が現れる。Ｗｅｂ２・０を生むに至った発想は、至極まっとうなものでした。

Ｗｅｂ２・０で使われている基盤技術はＷｅｂ１・０と変わりません。でも、幾重にもマスクされて、微塵も難しさを感じさせないのです。

ＨＴＭＬがわからなくても、ウィザードに従っていくつかの質問に答えれば自分のＷｅｂページを作成できるし、そこに記事を追加していくには単に文章を書いていけばいい。ワープロソフトの水準の手軽さで、世界に情報発信ができるようになったのです。

これまでのＷｅｂを考えれば、至れり尽くせりの殿様サービスです。ブログを運用するには、文章を編集するソフトウェア、Ｗｅｂサーバソフトウェアに加えて、ハードウェアとしてのサーバも必要です。電気代もメンテナンス費もタダではありません。

でも、多くのブログサービスは広告と引き換えに、これらを無償で提供しました。「簡単」「無料」は今に至るも、何らかのサービスを普及させるクリティカルな要素になり得るキーワードです。タダなら何でも普及するほど甘くはありませんが、確率は跳ね上がる。このときも、ブログはネットワーク利用シーンを席巻しました。

そして、営利企業は無償でサービスを提供し続けるほど甘い存在ではないし、そんなことをすれば自らのビジネスを存続させることができません。彼らは何を望んだのでしょうか。最初はお金の流れを変えました。ブログの利用者から直接対価を徴収するのではなく、広告モデルを導入したのです。ブログに広告を挿入することで、広告主から資金を得ます。

このモデルは当初賞賛され（有意義なサービスが無償で使えるのは、インターネットの価値観でいえば「良いこと」です）、後に批判されました。

一般利用者がブログを書き、公開すること、そしてそれらが多くの人に読まれることが普及すると、ブログ自体が一つのメディアになりました。そこから上がる広告収入はもちろん、社会への影響力も無視できないものに育ちました。

このとき、ブロガーは収入を得ていません。

新たな搾取構造のはじまり

プロがメディアに記事を書けば、原稿料が支払われます。しかし、一般利用者が大挙してブログ記事を書いても、何の対価も得られなかったのです。むしろ、無償でブログシステムを利用できることに感謝していました。

ブログが日々のよしなしごとをつづる独り言であったうちはそれでよかったかもしれません。しかし、ブログが一つのメディアとして育ち、中には大きな注目を集めるブロガーも登場すると、「本来メディアが用意すべきコンテンツを利用者に作らせている」意味合いが強くなったのです。

技術力や資金力を持たない一般利用者が気軽に情報を発信できる場を設けたことや、社会に流通するコンテンツの総量を増やすために、一般利用者に消費者ではなくクリエイターとして参加してもらうことは賞賛されるべきです。実際にこの頃、**CGM**（Consumer Generated Media：一般利用者がコンテンツを作るメディア）、**UGC**（User Generated Contents：一般利用者が作ったコンテンツ）という用語が作られ、もてはやされました。

しかし、それを利用してメディアとしての企業が収益を得る一方で、コンテンツの作成者である一般利用者に何ら収益の還元がないのは搾取構造であるともいえます。この批判をかわすためにCGMを運営する企業は、メディアに大きく貢献した視聴数の多いコンテンツに収益を還元したり、アフィリエイト（コンテンツに広告を表示させ、そのコンテンツ経由で購買につながったら報奨金を支払う仕組み）を導入したりといった対策を打ち出しました。

これらの施策は現代に至るまで脈々と続いています。YouTubeは視聴数に応じた報酬をユーチューバーに支払っていて、ユーチューバーは児童・生徒の将来なりたい職業ランキングの上位常連です。メタバースの一種といわれるロブロックスは子どもたちがプログラミングに興味を持つファーストステップとして機能していますが、子どもたちが無償で作ったプログラムで客を誘引していると非難されてもいます。

「表現したい」から「儲けたい」へ

無償でサービスを使わせてもらえること、その代わりに無償で作ったコンテンツが企業に利用されることは功罪あって一概に評価できるものではありません。でも「権力からの解放」を考慮するなら、最も大きなインパクトはコンテンツの作られ方が変わる点です。

私たちがなぜ自由や解放を求めるかといえば、思ったことを言い、感じたことを表現したいからです。それを誰の顔色をうかがうでもなく実現したいわけです。ところが、アフィリエイトプログラムなどが普及して社会に受け入れられると、「どうせ何かを書くなら、収益につながったほうがいい」と動機が変化します。

たくさん見てもらえる記事、広告バナーを踏んでくれる記事が「良い記事」になり、文章の整合性よりも、一読したときの刺激が重視されるようになっていきました。炎上させてでも、儲かる記事が書きたくなるのです。インターネット的な意味での炎上商法やステルスマーケティングの萌芽はこの時点に認められます。

これはどうひいき目に見ても、「放送局や出版社といった権威によらず、自分の思いのたけを世界に対して自由に発信できる」状態ではありません。耳目を引く記事を書くために、大きなバイアスがかかっています。真実よりも、人を動員する力のほうが重視される社会が作られていくのです。

また、多大な犠牲を払って制作した文章も、自分の裁量が及ぶ範囲はわずかでした。ブログサービスは突然終了することもありました。事前に告知してもらえればまだいいほうで、何のお知らせもないまま自分の文章をすべて失った利用者も少なくなかったのです。仮に告知してもらえても、他のブログサービスに移行できないことがほとんどでした。

自由な情報発信権を勝ち取り、ボーダーレス化した社会の中で世界に対して輝くはずだった個人は、望まない文章を書かされ、広告に見えないように慎重にステルスされた他人の文章を読む羽目になったのです。これが輝かしいWeb2・0の実像です。

SNSは「荘園制」

もっと新しいサービスも現れました。

訓練されていない個人が情報発信をすると非難に直面することもあります。それは怖い。でも、ネットデビューに際して放送局や出版社の社員並みの新人研修など誰も望んでいません。ではどうすればよいのでしょうか？　分断してしまえばよいのです。実社会におけるゲーテッドコミュニティのように、共感できる属性、理解できる属性の者同士をより分け、同じ枠の中に押し込めるのです。

人々が押し込められるのは狭い空間ですが、そこが狭い空間に見えないしかけは随所に施されています。私たちにとって、そこは広大な、世界のすべてに感じられます。

そして、そこに住むのは似た考えを持ち、同じような価値観で発言する、自分にとって安全な人たちです。

端的に言って、そこは利用者にとって快適な空間であり、快適であるがゆえについつい長居をしてしまう。そうした空間の維持には莫大なコストがかかりますが、長居をする人の数が十分に多ければそのコストは広告費で十分にまかなえます。長くいる人は、長く広告に接触する人です。このサービスをSNSといいます。SNSの本質はフィルターバブルの中に人々を囲い込み、快を提供することです。

利用者たちは居心地の良い空間であるSNSに熱狂し、そのサービスと提供企業にあっという間に依存しました。

だから、Web3を推進する人たちの言い分は嘘ではありません。自由で平等なはずのインターネットとWebの場は、世界に冠たる寡占企業を生んでしまいました。利用者たちはそれなしでは生きられないほど企業に頼り切っています。

みんなが発信をして議論を積み重ねれば、集合知が生まれ、人類を次のステージへ押し上げるはずでした。でも、発信される情報は有益な議論よりも、誹謗中傷のほうが多かったのです。

民主的な社会の中で、自律・成熟した市民になることを促すはずだったツールが、新たな荘園制を生んでしまった。いっそガラガラポンでやり直したい。とても理解できる考え方です。

一般利用者はレイジーである

ただし、Ｗｅｂ3推進者が見落としていることが一つあります。

一般利用者はとてもレイジーだということです。

ここでカタカナ語を使うことは文章をわかりにくくするかもしれませんが、日本語で表現しようとすると怠惰でも無精でもニュアンスを損なうので、あえてレイジーにしておきます。

これまでインターネット、Ｗｅｂ1・0、Ｗｅｂ2・0と時系列に沿って俯瞰してきたことで、状況を十分に説明できたと思います。利用者は少しでも面倒があれば、そのサービスを使わないのです。資金や資源（情報資源を含む）を持ち出すのであれば、選択肢から外します。

これは、個々人の勤勉さや、保有資産の額とは関わりがない。情報システムの利用者は集合体として大衆になったとき、とても保守的になります。新しいことは試さない、お金は払わない。

Ｗｅｂ3は「ビッグテックの支配から個人が解放されたインフラ」で、「要素技術としてブロックチェーンを重視する」ものです。ここまでに述べてきたように、ビッグテックの支配は事実として観測できますし、近代民主主義の価値観からいえば個人が強化・解放されていくのは良いことでしょう。

だから、Ｗｅｂ3は正しいシステムだし、大衆も受け入れてくれる。Ｗｅｂ3推進者はそう考えています。これは典型的なエリートの誤謬です。繰り返しになりますが、一般利用者はその集合体としての大衆になったとき、極めてレイジーな属性を獲得します。

スマホを使わない人々もたくさんいる

もはや生活必需品ともいえるスマートフォンさえ、未購入で、将来にわたっても購入する意思のない人はたくさんいます。まして、Ｗｅｂ３は基盤技術としてブロックチェーンを使います。ブロックチェーンの面倒くささ、扱いにくさ、使うに際しての持ち出しの多さはスマートフォンの比ではありません。

いや、それは違う。正しいことだから、民主主義に寄与するから、巡り巡って自分のためにもなるから、みんな賛同してくれるはずだ、使ってくれるはずだ。その発想ができる人はすでにエリートです。周囲に目を配り、持ち出しを許容し、長期的な視野を持っています。一般利用者はそうではありません。

選挙の投票率を見れば、それは明らかです。選挙は民主主義の根幹を形成する制度です。良し悪しでいえば細部に不満はありつつも、良いことだ、参加すべき価値のある行いだと大半の人が言うでしょう。でも、人は投票に行きません。面倒だからです。

一般利用者のレイジーさを非難したいわけではありません。それは人の自然なありようだと思います。正しいからといって、善なるものを１００％実行できる人はいないし、それを強制すればむしろディストピアになるでしょう。レイジーさは罪ではありません。でも、システムを設計するときに、絶対に考慮すべきことです。人の善や勤勉さに期待するシステムは長続きしません。持続可能性に乏しいからです。

Web3と日本企業のあやしい未来

選挙以上の圧倒的な面倒くささを持つブロックチェーンを基盤技術と定義するWeb3の派生システムを、人々がこぞって自分のパソコンやスマートフォンにインストールする未来は訪れないでしょう。

蓋然性の高いシナリオはこうです。

Web3のお題目は美しい。「公平で平等、透明な社会を構築する」、反論が困難な正論です。だから、表面上は賞賛され、受容されます。一方で、ネイティブなWeb3システムなどそもそも作れません（理由は次節で詳述します）。仮に、なるべくブロックチェーン濃度の高い「Web3的な」システムを構築するとユーザビリティが下がり、誰も使わない代物になります。

そこでサービス提供者はこう考える。見た目はWeb3にしておけばいい、Web3の技術を使っているとアピールもしよう、しかし利用者体験や性能に影響を及ぼす基幹部分は従来型の技術で作ってしまおう。

実際のところ、現時点でWeb3を標榜するシステムはその大半が従来型技術によって形成されています。ブロックチェーンは後述するように適用範囲が狭い技術なので、すべてをブロックチェーンで作ることなどできません。今のWeb3標榜システムは、Web3の要素がまぶしてあるだけです。

そして、私はこのシナリオの行きつく先で日本企業が力を失うことを危惧しています。2020年代の日本はデジタル敗戦などの用語が飛び交い、行政も民間もIT分野のキャッチアップに躍起になっています。Web3にいち早く飛びついている政治家もいます。

こうした動向を受けての懸念は、生真面目な日本企業が本気でWeb3濃度の高いシステムを構築してしまうことです。使いにくい、性能も出ない、大衆が求めていないシステムでしょう。

SDGsを掲げて高い評価を勝ち取った企業が、バックヤードではたいして環境に配慮していない例などはままあるものです。正しいことだとは思いませんが、ビジネスの一局面では必要とされることもあるでしょう。日本企業は欧米企業に比べ、こうしたダブルスタンダードの使い方が不得手に見受けられます。Web3で躍進するどころか、今度こそ決定的な敗戦に至るのではないかと恐れています。

そして、Web3がその存在理由の中枢に据えているブロックチェーンにも、死角が存在するのです。

6 Web3の懸念②「ブロックチェーンに頼りすぎている」

なぜ仮想通貨の取引所で事故が起きるのか

Web3はその理想を実現するための技術として、ブロックチェーンに頼りすぎています。そもそもWeb3を提唱したのがイーサリアム共同創設者のギャビン・ウッドですから、これは仕方がないことかもしれません。誰しも、自分が関わった技術や製品を使いたいものです。単にお金儲けを念頭に置くだけではなく、よく知っている、慣れている技術は高い精度での見積もりや安全な開発、運用にもつながります。

特にブロックチェーンはレガシーシステム（既存システム、従来型システム）とかなり根本的な部分から設計思想が異なるので、自分がブロックチェーンに軸足を置いている立場だとしたら、レガシーシステムを混ぜたくないというのはよく理解できます。純度100%のブロックチェーンでシステムを構築したいのです。

ブロックチェーン20%、レガシーシステム80%のいいあんばいで全体を作っていきましょう、というのはあまり意味がありません。ブロックチェーンとレガシーシステムは水と油のような関係にあります。互いに溶け合うようにシステムを構築することはできず、ブロックチェーンの部分とレガシーシステムの部分はそれぞれ独立して存在させる必要があります。すると、必ずブロックチェーンとレガシーシステムの結節点が生じます。この結節点が脆弱性になったり、権威的な存在になったりするのです。

仮想通貨の取引所で事故が起きて、責任者が謝っている光景を見たことがある人は多いと思います。ブロックチェーンを使っていることを考慮すると、ちょっと違和感がないでしょうか。

あれはまさにブロックチェーンとレガシーシステムの結節点を担い、そのビジネスで儲けている人たちが事故を起こして謝っている瞬間です。つまり、ブロックチェーンの中は透明で公平になっていても、現実社会に馴染ませるためにはつなぎ目が必要で、そこにはすでに「偉い人」が存在しているのです。

「非」中央集権の仕組み

ブロックチェーン（参照：第3章第2節）は参加者が皆対等な関係にある点に特徴がある

システムです。キーワードは非中央集権です。

多くの仕組みは「誰か偉い人」がいないと物事がなかなか決まらなかったり、責任ある運用がなされなかったりします。しかし、「偉い人」を立ててしまうと、その人が勝手に物事を進めてしまったり、不正をしたり、あるいは悪意がなくとも偉い人が間違えることでシステム全体に多大な迷惑をかけたりします。

これまでの仕組みは、「じゃあ、別の誰かが偉い人を監視すればいい」という方向で発展してきました。これは情報システムに限りません。会計監査も、システム監査も、権限を持った偉い人が暴走したり間違えたりすることを止めるために行われるものです。それはある程度うまく機能していますが、監査自体がなあなあになったり、上手に行われない事例も私たちは多く見てきました。

ブロックチェーンはこの部分の発想を根本から変えるものです。偉い人、その道の権威、専門家……こういった種類の主体を信頼するからいけないのだ。だから、自分ですべてを検証する。それで解決だ。そういう考え方です。

そして、この発想を担保するためにすべての仕組みが構築されています。自分で検証するためには、すべてのデータにアクセスできないといけません。そのためデータはすべて公開されています。管理者だけが取り扱える秘匿データなどは含まれていません。

データを誰かに預けると、改竄を見つけられないかもしれません。そこで、自分のノード（端末）にもすべてのデータを保存します。

データが消失すると、不正が試みられたときにさかのぼって追及できないかもしれません。ブロックチェーン参加者の個々人のノードにデータが保存されていることは、データの永続性確保にも寄与します。

誰か一人の意思でデータを変更できると不正につながります。そこで、データの変更（たとえば仮想通貨系ブロックチェーンであれば、コインの送信）にはそのブロックチェーンに参加している人の同意が必要になっています。

具体的には、コインの例であればお金の流れに不正がないかみんなで検証します。お金の仕組みの場合、間違いや不正がなければ基本的には合意が得られるでしょうが、仮に意見の不一致が生じた場合は多数決で承認が行われます。

衆人環視の中でデータが保存され、変更されるので、仮に不正が試みられても、隠し通すのが難しいのです。しかも、データの構造そのものも、不正がしにくい（不正をするためには多くの計算資源が必要で、不正達成時に得られるプロフィットをコストが上回る）ように工夫されています。

仲良しグループではない

不特定多数の、利害も一致していない人たちが動かしているのに、透明で公平で永続する。改竄も不能。いや、むしろ不特定多数だからこそ、透明で公平で永続するのだ、というのがブロックチェーンのものすごく面白いところなのです。

みんながみんなを疑っているので、データを保存して検証して意思決定にも参加する。仲良しグループが腐敗しやすいのと対照的です。

しかし、この特性は社会システム全般には広げられないかもしれません。

というのも、データの保存、検証、改竄対策、意思決定は非常に高コストだからです。このことは懸念(1)でも指摘しました。ブロックチェーンは仮想通貨を支える技術として普及しました。仮想通貨というユースケースでは、これらを行うインセンティブがあります。いま実行しようとしている送金に不正がないか検証して、その検証に真っ先に成功した人は報酬としてコインがもらえます。ビットコインやイーサリアムなどの有力通貨であれば、容易にドルや円に替えられますから、黙っていても多くの人が集まって目の色を変えて検証作業に参加してくれます。

しかし、雨後の筍のように誕生した泡沫コインでは、このインセンティブがうまく機能しません。コインの影響力が弱いので、報酬としてコインをもらっても換金が不安定で、あまりいいご褒美になっていないのです。そのような過疎ブロックチェーンでは、検証に参加する人数が集まらず、理屈の上では談合などを行うことが可能な状態になっています。

まして、公平で透明な仕組みだからと別の社会システム、たとえば行政システムや企業システムに導入したとして、検証の担い手になってくれる利用者は集まらないでしょう。少数の人が検証や保存を行っていくのであれば不正を行う余地が大きくなることは先ほど検討した通りです。

それを防止するために、「行政機関や企業が責任持ってブロックチェーンを運用します」というのでは本末転倒です。それは企業がすべての票を持って行う選挙と同じで、ブロックチェーンのガワをまとっていても本質的にはブロックチェーンではないので、公平で透明な仕組みとしては機能しません。企業がほしいままにシステムを動かせる点において、レガシーシステムと等価です。

壁の中は安心だけど

これらを総じると、ブロックチェーンそのものは公平で透明なアウトプットを実現可能にする野心的なシステムです。しかし、それはあくまでブロックチェーンの内部の話であって、外部システムと接続すれば外部システムの汚染されたデータが入ってきます。

ブロックチェーンには多くの人の参加が必須、保存したデータは変更できない、大規模な演算はできないといった特性があり、すべてのレガシーシステムをブロックチェーンに置き換えることは事実上できません。世界をすべてブロックチェーンに閉じ込めることは叶わないのです。

すると、実装時にはブロックチェーンとレガシーシステムがモザイク状に混在することになり、誰か本気で不正を行おうとする者は攻略が難しいブロックチェーンではなく、レガシーシステムや結節点を狙うでしょう。

そこを橋頭堡としてブロックチェーンに汚染データを流し込むこともできるのです。ブロックチェーンは外部で発生したデータが正しいか誤っているかを判断することはできません。現実解として、「行政システムが流し込んでくるデータだから安心」といった考え方を採用するならば、信頼を否定するブロックチェーンが自ら「信頼という悪行」を行うことになります。

そして、この「信頼がいけない」という着想は理に適ってはいるが、高コストな手法でもあります。私たちは街で食材を買うとき、いちいち自ら毒物検査をしたりはしません。まさにその店舗や流通システムを信頼しているからで、ひょっとしたらお店に悪い人がいるかもしれないものの、その可能性は小さいだろうと考えます。大きく見積もる必要が生じると、認証制度を作ったり、評判の悪い店には通わないことで自然淘汰するなどの手段を講じています。

ある程度のトラストを許容し、そのトラストの実効性を担保するために各種の仕組みを作り込むことは、手間や費用、処理速度の点でかなり優秀な現実解だといえます。Ｗｅｂ３が掲げる理念は貴重ですが、それに押し流されてこれらの芽を摘まないことも重要でしょう。

Ｗｅｂ３が効果を発揮する領域は限定的であることを踏まえた上で、「Ｗｅｂ３を名乗るレガシーシステム」のような看板に嘘偽りがある仕組みを排除することができれば、それぞれの得意分野でうまく住み分けられるのではないかと考えます。

7　NFTの可能性と限界

コピーできる価値

NFTを理解するためには前提として、デジタルデータと唯一性の相性の悪さを知っておかねばなりません。何かを複製することには大昔から需要がありました。しかし、それに応えようとしても、厳密には同じものは作れず、時間や費用もかさみました。

デジタルデータの登場はこの状況を一変させます。オリジナルと寸分違わぬコピーが、ゼロに近いコストと時間で作れるようになったのです。この事実は医療も産業も科学も発展させました。

しかし、それでは困る業界や業態もありました。端的な例がアートです。アート作品の価値は主に稀少性によって担保されます。ゴッホの新しい作品が発見されるたびに数十億円の値がつくのは、数が限られているからです。アートコレクターは美の独占と価値の保有をしたくて絵画を購入します。最終的な目的が自己満足でも、展覧会で利潤を得ることでも、そこは変わりません。でもオリジナルと異なるところがないコピー（といっていいかどうかもあやしい。本物と同じなのだから）が存在するとなれば、独占は成立せず、価値は崩落するでしょう。だからデジタルアートは成立しないか、何らかの保護策（コピーガードをかけたり、リアルの商品と組み合わせたり）が講じられています。

部分的にはこれらの保護策は成功しています。ブルーレイディスクのダビング10や、ソーシャルゲームのガチャで得られるレアカードなどです。

ただし、これらが効果を発揮する範囲は限定的です。ブルーレイディスクはPCでガチに解析されるとリッピング（ディスクから動画ファイルを抽出すること）できてしまいますし、レアカードはそのゲームが運営されている間のみ存在が保証されます。ゲームが終了すれば何の裏付けもなくなりますし、そのゲームに参加していない利用者に譲ったり売ったりすることもできません。

ここがもっと汎用的になったらコンテンツビジネスはより活性化するでしょう。そのためのアプローチとして大きく2通りが考えられます。一つはサービスの統合です。各々のゲームでレアカードを運営するのではなく、ゲーム業界全体で一つのプラットフォームを形成します。これならば、個々のゲームの終了などに妨げられず、以降もカードの売買や収集などができるでしょう。ただし、これは企業にとって魅力的なアイデアである以上にリスキーなアイデア（どこかの企業にプラットフォームの覇権を握られてしまう可能性がある）なので、利益相反を恐れて本気でコミットする企業が現れません。

もう一つは企業に依存しないプラットフォームを作ってしまうことです。そこで白羽の矢が立てられたのがブロックチェーンです。ブロックチェーンであれば利用者が形作るフラットなネットワークですから、これまでに議論してきたような懸念点を払拭できます。

絵画などに置き換えて考えても、今までオークションハウスなどを介さないと売買できなかったものが、ブロックチェーンネットワークにアクセスするだけで市場に参加できるので、売りたい画家にとっても買いたい利用者にとっても売買のハードルが下がります。画家は画廊の顔色をうかがわずに制作に専念できるかもしれませんし、利用者は画廊にマージンを取られずに推したい画家の懐に直接お金を送り込めるかもしれません。

NFTは「非代替性トークン」

従来方式では、画家は最初に売ったときしか利潤を得られませんでしたが、ブロックチェーンであれば転売時にもロイヤルティを獲得できる可能性があります。

こうした機能を企図してブロックチェーン上に作られた仕組みがＮＦＴです。

ＮＦＴはNon-Fungible Token の略語で、日本語に訳すと非代替性トークンになります。非代替性ということは、代替性トークンもあるわけで、その代表例がビットコインやイーサです。

ビットコインやイーサは仮想通貨ですから、こっちの1ビットコインとあっちの1ビットコインのどちらを持っていても価値は変わりません。交換して怒る人もいないでしょう。しかし、絵画や音楽の場合は同じものが複数あっては困るのです。「これは唯一のものですよ」と主張してくれるチケットがＮＦＴといってよいでしょう。

ブロックチェーンは良い仕組みであると考えられつつも、なかなか社会実装が進みませんでした。ＮＦＴこそブロックチェーンの普及を進める切り札になるかもしれないというブロックチェーン推進側の思惑もあり、一時期ブームになりました。

実際、ＮＦＴをうまく活用できる場面や業務もあると思われますが、その限界も理解しておかないと思わぬ落とし穴にはまることになるでしょう。ＮＦＴの限界は概ねＷｅｂ３やブロックチェーンの限界と同じです。

まず、唯一性を保証してくれる範囲はブロックチェーン内です。すでに事例がありま すが、同じ絵画をブロックチェーンAとブロックチェーンBでNFT化することは可能です。誰かが気付けば訴えられるかもしれませんが、しかし、気付かないことも多いでしょう。

また、唯一性が保証されたからといって、真正性まで保証されるわけではありません。ブロックチェーンにはそのような機能はないので、偽物をでっちあげて「これが本物だ！」とNFTを発行することは可能です。これもすでに事例があります。盗んできた本物でNFTを発行した事件もありました。正当な権利者がまったくあずかり知らないところでNFTにされてしまったのです。

やっぱり壁の外は危険

ブロックチェーンはハッキング困難といわれますが、NFTの場合はNFT内に絵画や音楽のデータが記録されているわけではない（ブロックチェーンは構造上大きなデータを保存できないので、絵画や音楽のデータは外部のサーバに置き、そこへリンクするURLをNFTに書き込みます）ので、その外部サーバをハッキングすればデータを改竄することもできるでしょう。出品者が悪い人で、いつの間にか別のデータにすり替える可能性も否定できません。

ブロックチェーンへのアクセスにはそれなりの技術や知識がいりますし、売買が活発になると作品の真贋を取り扱う機能も必要になるでしょう。いずれも一利用者の手には余るので、取引所が利用されることになります。すると、公平で透明なブロックチェーンの理念も怪しくなってきます。画廊の顔色を気にせずアート作品を出品できるはずだった画家は結局取引所の顔色や規約に縛られることになるからです。非中央集権の旗印が前景から退き、取引所を中心とした中央集権的なシステムへと再構成されるかもしれません。

こうしたことは社会の成員全員が高い技術力を持ち、社会システム全体がブロックチェーンによって運用されれば回避できるかもしれません。しかし、どちらも実現は難しいでしょう。少なくとも早期に実現することは困難です。NFTは既存のビジネスモデルに変革を促す可能性がある技術ですが、その効果範囲、適用範囲は限定的なものになるでしょう。

8　進化を続けるイーサリアム

ビットコインを追う仮想通貨

イーサリアムは常にビットコインに続く2番手の仮想通貨としての地位を占めてきました。それ自体すごいことですが、ITのサービスも金融のサービスも、メトカーフの法則（ネットワークの価値は、利用者数の二乗に比例する）を援用できる分野ですので、手をこまねいていると永遠の2番手としてビットコインとの差は開いていくでしょう。

そこでイーサリアムは野心的な試みを非常に多く行っています。たとえば、ブロックの追加間隔はビットコインが約10分に1回であるのに対して、イーサリアムは約15秒に1回です。言い換えれば、ビットコインは送金指示から実際の送金まで概ね10分かかるのに対して、イーサリアムでは15秒で終わる可能性があります。

ビットコインはチェーンの用途をコインの交換に絞っていますが、イーサリアムは用途を拘束していません。独自のトークンを作ることができて、だからこそNFTが生まれてきたわけです（NFTを作ることができるチェーンは他にもありますが、主戦場はイーサリアムです）。

ブロックチェーン上でプログラムを動かすこともでき、これをスマートコントラクトと呼んでいます。ブロックチェーン上のプログラムですから内容は公開されてみんなに検証され、公平で透明というわけです。もちろん、MMORPGのような複雑なプログラムを動かせるわけではありませんが、自動契約を結ぶ用途などであれば十分です。

ブロックチェーンは送金依頼が集中したときなどにスケーラビリティ（拡張性）がないことが弱点だといわれています。そのため、ブロックチェーンに負担をかけないようにオフチェーンといって、ブロックチェーン外で作業を行うような負荷分散が試みられるのですが、「ブロックチェーン外で悪いことをしているのでは？」といった疑念を生みます。つまり、ブロックチェーンの趣旨から離れていきます。

そこでイーサリアムでは、主チェーンの他に子チェーンを作り、子チェーンに作業を割り振ることでパンクしないようにしています。

たくさん持っている人は不正しない？

ビットコインでは不正抑止策としてデータの検証作業に**PoW**（Proof of Work）を導入しています。PoWは実際よくできた仕組みですが、膨大な作業を検証者に要求するため（ゆえに不正を試みるコストが、まっとうな報酬をもらうのにかかるコストを上回る設計にできる）無駄な電力を使いすぎていると批判されています。実際、小国1国分の電力を消費しています。

これに対応するための**PoS**（Proof of Stake）の導入を早期に決めたのもイーサリアムでした。PoSはコインをたくさん持っている人がブロックの承認者になる確率を高めるブロックの承認方法です。それだけだといくらでも不正ができてしまいそうですが、

コインをたくさん持っている→イーサの価値が下がると一番損する人でもある→不正が行われるとイーサの価値は下がる→不正を行わない

……というロジックから、この人がブロックの中身を検査して承認するのが望ましいと考えるわけです。もちろん、同じ人がいつもブロックを承認するのはおかしいですし、金持ちば

かりが運営に参加する事態になってしまいます。

　これを防ぐためにランダム要素や、一度承認するとしばらく検証に参加しないといった要素を加味します。もちろん、不正を行えば出資したコインはバーン（焼却のこと：破棄）です。

　このようにイーサリアムは斬新なアイデアの実験場になっており、壮大で野心的な社会実験の基盤として機能しています。その可能性とダイナミクスには心が躍りますが、一方で普及を急ぐあまりブロックチェーンには向いていない業務やサービスまで実装しようとしている感があることは否めません。

　ビットコインやイーサリアムの価値を毀損しないためにも、適材適所を徹底することが重要です。

9　快適なメタバース

定義がぶれているメタバース

メタバースはインターネット上に展開される仮想世界といった説明で、人々の間に浸透してきています。まだ落ち着かないサービスですから、国の会議などでも言葉の定義は確定していません。人や企業によって意見は異なり、特に企業の場合は自社サービスに有利な定義をしようとしますので、その点は割り引いて考える必要があります。

アバター（仮想世界で自分の分身となるキャラクター）の技術に優位性を持つ企業は「メタバースの核はアバターにある」と言いたいですし、VRの先進技術を保有している企業は「VRでなければメタバースとはいえない」と主張したいのです。

私自身はメタバースを「現実とは少し異なる理《ことわり》で作られ、自分にとって都合がいい快適な世界」と考えています。仮想世界であることは前提として、その世界が現実と同じなら利用者にとってはあまりメリットがありません。

仮想世界へのアクセス（よく「移住」と表現されます）には手間もお金もかかります。勉強も必要でしょう。それだけの対価を差し出してアクセスするのですから、その世界は現実よりも気持ちよくなければなりません。

現状では、この「気持ちよさ」と「そこに住める可能性」が担保できれば、その仮想世界はメタバースと認識されるでしょう。

「そこに住める可能性」とは何でしょうか。

実は、「現実とは少し異なる理で作られ、自分にとって都合がいい快適な世界」だけであれば、今までにもそういうサービスはありました。たとえば、ゲームやSNSです。私は車のレースが好きで、出場することもありますが、下手の横好きです。お金をかけて、時間を見つけ、苦労して遠くのサーキットに足を運んでもなかなか活躍できず、一つ間違えると怪我をして帰ってきます。

でも、ゲームなら難易度をカスタマイズして、世界に冠絶するトップドライバーのように振る舞うことができますし、時間もお金もかけずにすぐ始めることができます。現実のレースの「楽しい部分だけ」を切り取ったものであるといえます。

遊びなのか遊びじゃないのか

SNSも多くの人が大好きな活動である「コミュニケーション」のいいとこ取りを狙ったサービスです。手間も時間もかけずに遠くの人とつながり、噂話に花を咲かせ、嫌なことがあればすぐにミュートしたりブロックしたりできます。ゲームやSNSが愛されるのは自然なことです。

ゲームやSNSのメーカーは「快適な世界」を作る技術を洗練させ続けてきました。その世界にいることが気持ちよくなればなるほど、利用者は長く滞在してくれます。お金を落としてくれますし、いてくれるだけでも広告費を得ることができます。「快適な世界」は利用者にとっても事業者にとってもWin-Winな関係を構築します。

しかし、実際に四六時中ゲームやSNSに興じている人は稀です。どちらもあまり生産的ではないと考えられているからです。ゲームは娯楽ですし、SNSで仕事をする人も増えていますが、「所詮遊びである」という捉え方はまだまだ多いです。

そこで、「仮想世界で働ける、学べる」というメッセージを内包して登場したのがメタバースです。働いてお金を得たり、勉強して知識を得たりすることができれば、仮想世界に没入する罪悪感は雲散霧消します。

利用者は大好きな仮想世界にもっともっと長くいる口実を得られますし、事業者にとっては長くいてくれるのであればマネタイズのチャンスが激増です。

現実が好きな方は、労働や学習を仮想世界でやることに意味が見いだせないかもしれません。しかし、仮想世界での活動のほうが親しめるという人々も確実に存在します。たとえば、自閉スペクトラム傾向にあるお子さんはノイズの多い現実の情報から、自分に必要な情報を抽出することが苦手です。

そこで、学習環境を構造化する。必要なもの以外は目に入らないように工夫したり、シンプルな教室を用意したりします。そこにコストがかかることは言うまでもありません。しかし、仮想世界であればこうしたカスタマイズはすぐに行うことができます。

相手の表情がどうしても読み取れないお子さんも、アバターの抽象化された表情であれば読み取れたり、逆に感情表現が苦手でどうしても誤解されてしまう人でも「嬉しい」「楽しい」といったエモートを使って、誤解なく感情を伝えられたりします。

定型発達した健常者にとっても、福音になるケースがあります。たとえば、私はけん玉が苦手です（運動全般が苦手です）。何回も練習するのは気が進みませんし、人に指導してもらうのもなんだか恥ずかしく、うまくなるきっかけすら作れません。

しかし、けん玉の練習に特化したメタバースであれば、重力をちょっと軽減してみたり、時間の進みをゆっくりにして、けん玉練習のハードルを下げることができます。慣れてきたら、少しずつ重力や時間を現実に近づけていくことで、現実でもけん玉ができるようになるかもしれません。

このようにメタバースは、上手に使うことができれば人生の選択肢を増やし、より多くの人に、より多くの活躍の機会を提供することができるでしょう。

アバターの服飾費

メタバース内での経済活動も活発になっています。利用者はそこが「自分が住んで、時間やお金を使うに相応しい空間である」と認識すると、コストをかけて生活環境を整え、他者にアピールし始めます。現実の世界ではあまり服飾や小物を買わなかったのに、メタバースのアバターには湯水のようにお金を投じている人もいます。アバターの服飾市場はすでに数百億ドルに達しているという報道もあり、無視できない数値になっています。

一方で、同じ「仮想世界」でも、なるべく現実に即したものを志向するサービスがあります。これまでに説明した「メタバース」とひっくるめてメタバースと呼ばれることもありま

図表 2-2　仮想世界の整理

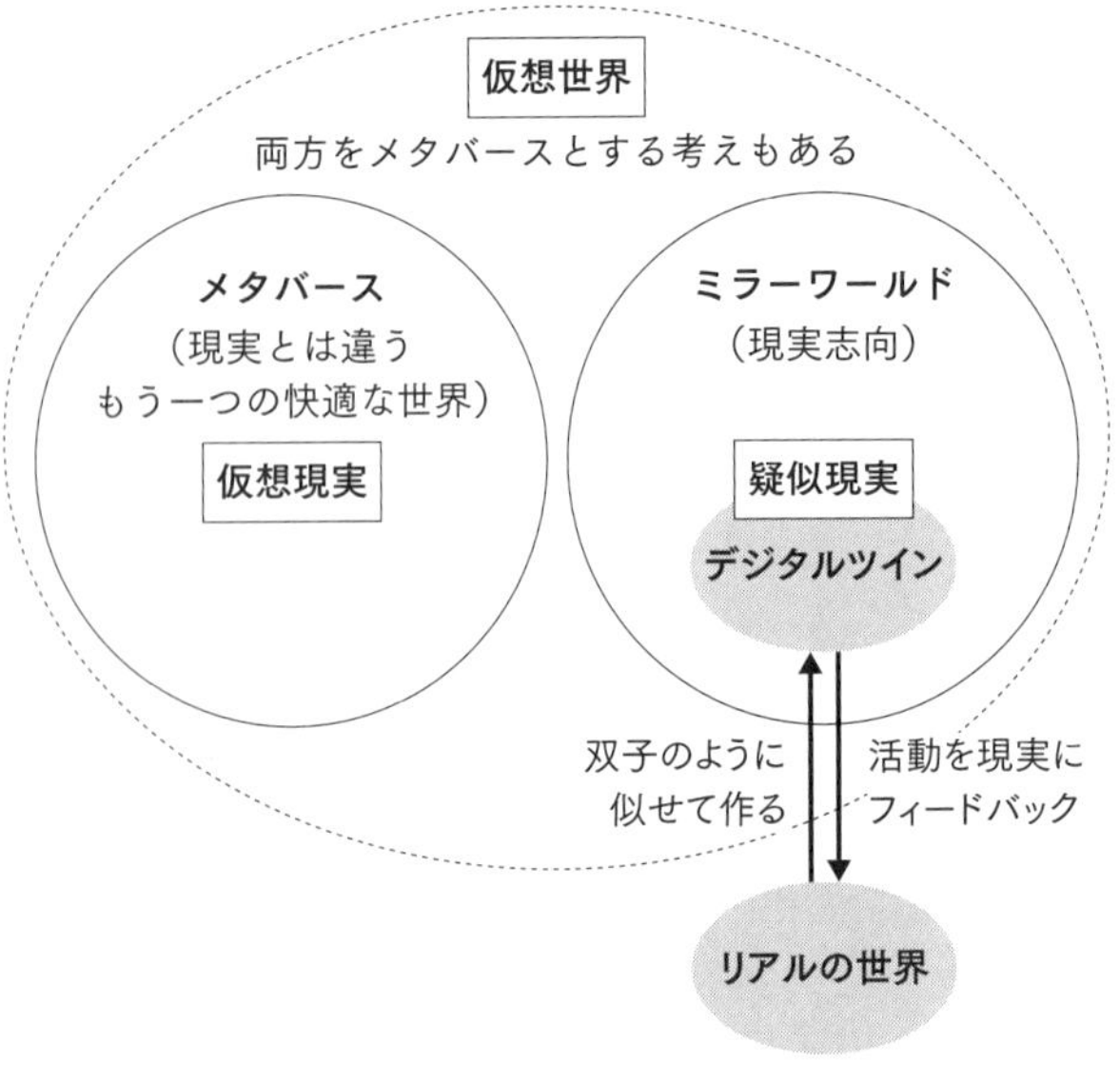

すが、区別する場合は現実そっくりの意味を込めてデジタルツインといったり、デジタルツインの中での行為が現実にフィードバックされるようなケースではミラーワールドといったりします。

「現実そっくり」だと、娯楽の点ではインパクトが薄いですが、産業や医療には巨大な貢献があるでしょう。災害のシミュレーションなどは極めて緻密に行えますし、遠隔医療の精度も上げることができます。

現実と仮想世界を融合させるアプローチもあります。たとえば、Tシャツ1枚しか持っていなくても（みんながスマートグラスをかけていれば)、「設定」をスーツに変えることで、みんなのメガネには「スーツを着た私」を映せます。TPOに合わせて洋服を用意する必要がなくなるので、SDGsに貢献できるかもしれません。

完全に仮想の世界となるメタバースを作り上げるのは大変そうに見えますが、お金や時間に糸目をつけなければ良いものを作る技術はゲーム分野などにたくさんの蓄積があります。一方で、現実そっくりに作ったり、その現実に沿う形でデジタルの情報をまぶしたり上書きしたりする必要があるミラーワールドは実現の難度が高いです。

利用に向いている機器もメタバースではVR(その世界に没入する)、ミラーワールドはARやMR(現実と折り合いをつけて、より現実を便利に、楽しくする)のように違いが出てきますので、ちょっと注意しておくとよいと思います。

こうした事情があるため、先行して流行しているのはメタバースのほうですが、将来的な市場はデジタルツインやミラーワールドが大きくなるのではないかと考えています。

いまメタバースを楽しんでいる利用者の多くは、「現実よりもこちらのほうがいい」という発想で使っています。ある意味でとても先進的です。しかし、人間が生身の肉体を持つ生きものである以上、現実が好きな人のほうが多数派でしょう。そのため、現実に立脚しつつも、現実をより快適にする方向性のサービスであるミラーワールドのほうが長期的かつ最終的な利用者は多くなると予測します。

第3章

データは死蔵から共有へ

1　オープンデータが変える世界

オープンにするか抱え込むか

「成果物をオープンにしてお互いに参照し合い、有効に役立てていこう」昔からよく言われるんです。何かを独占しようなんて心の狭いことを言っていないで、みんなで使えば省資源や高効率は達成できると。ただ、物理的な道具の場合は「共有」がそもそも難しいですし、摩耗や故障も発生します。そのとき誰が直すんだといった問題もあり、理屈通りにはオープン化は進みません。

でも、ソフトウェアやデータであれば話は別です。いくらでもコピーがききますし、みんなで使ったからといって摩耗もしません。そこでプログラムのオープン化が唱えられました。こうしたムーブメントは世代を替えて何回も流行が訪れていますが、プログラムの場合は1990年代に大きなピークがありました。インターネットの商用利用が始まった頃です。

みんなが作ったソフトウェアを公開し、誰かに使ってもらい、あるいは機能拡張や修正をしてもらいその誰かが再配布するといった試みは一種のユートピアに思えました。しかし、プログラムは有用なものであるがゆえに、値段がついて取引されています。そうした商用プログラムを作る企業はソースコードをオープンにしませんでした。むしろ秘中の秘として抱え込みます（プロプライエタリ）。一時期はプロプライエタリvsオープンソースの対立が激化しました。

理屈としては、無料で使えて、しかも大勢が開発に関わり、完成後も多くの人の手でメンテナンスされるオープンソースが優れているといわれていました。しかし、オープンソースがプロプライエタリ製品を駆逐したかというとそうでもありません。やはりある企業が責任を持って製品化している事実は、利用者にとって安心感があります。不具合が起きたときにその企業に駆け込んだり泣きついたりできます。

Log4jバグの悲劇

象徴的なできごとがLog4j事件でした。システムの振る舞いを記録するロギングツールは現在のシステムに不可欠な要素です。ゆえに、何かのシステムを作るときに自分で新たに作るようなことはしません。どこにでも転がっていますから、ありものを持ってきて自分のシステムに組み込みます。

Ｌｏｇ４ｊは世界中で使われているオープンソースのロギングツールです。多くの企業もこれを利用しています。ところがこのＬｏｇ４ｊに致命的なバグが発見されたのです。悪用されると第三者にシステムを乗っ取られます。

世界中に利用者がいるプログラムですから、ハッカーに先んじて誰かがバグを見つけ、多くの人々の善意によって早急に修正プログラムが作られみんなのもとに届く。それがオープンソースが描くユートピアのシナリオです。

しかし、現実の世界はシナリオ通りには動きませんでした。対価も取らずにみんなにプログラムを公開していた開発者は非難の嵐にさらされ、莫大な収益を上げていたビッグテックは動かず、ごく少数の技術者が使命感から無償で不眠不休の修正作業を行いました。

共同責任は無責任

書籍でも、プログラムでも、「みんなで共有できたら人類全体の幸福に資する」という思いは共通するものの、富を生み出す性質のものなので、誰かが抜け駆けしたり甘い汁を吸ったりすることがあります。共同責任は無責任という言葉もある通り、ビジネスの現場にはそぐわないと捉えられることもまだまだあります。

オープンデータの背景にはそんな歴史的経緯があることも意識しておきましょう。データも先ほど説明したプログラムと同様、多くの人が持ち寄って、ライブラリ化し、誰でも無償で好きな目的に使えるようにすれば、人類の発展に大きな貢献をすることでしょう。

しかし、そうして集まったデータを使って、いわば他人のふんどしで大儲けするような事例は容易に考えられます。オープンソースと同じ考え方を適用するならば、データを収集・体系化した人はクレジットを残せます。そのため、「たとえお金は得られなくとも、レピュテーションによってそれ以上に報われる」と説明されるのですが、本当にそうでしょうか。人の賞賛よりお金が欲しい技術者も多いでしょうし、なんだかやりがい搾取のにおいもします。

また、データの中にはセンシティブなものも含まれますから、なんでもかんでもオープンデータ化するわけにもいかないでしょう。理念自体はとても正しいと思うのですが、誰かが濡れ手に粟とならないような仕組み作りや、何かが起こったときの処置の受け皿を作るのが大変なのです。

日本全国の都市データを共有する

こうした注意点があるため、オープンデータの公開は行政機関が先行しています。営利組織ではありませんから、比較的データを出しやすいですし、たとえば全国にある消火栓のデータを公開することで、誰かがGoogleMapと組み合わせ消火栓地図を作ってくれるかもしれません。作るのにそんなに手間がかかるわけではないですが、一つひとつを行政機関がやるのは無理があります。どこに需要があるのかを把握することも困難でしょう。データをオープンにしておけば、必要に駆られた誰かが作って公開してくれ、同様にそれを必要とする誰かの役に立つ……といったサイクルが回り始めます。良い成功事例が蓄積されていけば、追従する民間企業も増加するでしょう。

現時点での大きな事例として、国土交通省のプロジェクト「PLATEAU《プラトー》」を挙げることができます。日本全国の都市データを整備・公開しようという野心的な試みです。公開されたデータから都市景観を再現したり、災害や混雑、感染症のシミュレーションをしたりもできます。デジタルツインやミラーワールド（参照：第2章第9節）の礎にすることも可能です。

こうしたデータはただ公開すればいいというものではなく、誰もが使えるように標準化したり、将来の拡張に備えたりする必要があります。

すごく卑近な例でいうと、「うちの会社のデータを使ってもらおう！」と考えてグラフを画像データで公開するのは、（オープンにはしたものの）あまり筋の良い方法ではありません。おそらくそのデータを活用したい人はグラフのもとになっている数値を使って分析などを行いたいはずだからです。

また、特定の企業や特定のアプリケーションに依存した形でのデータ公開も、第三者にとっては使いにくいものになるでしょう。自己満足で終わらず、本当に自社データを活用してもらって自社の価値向上につなげるのならば、こうしたポイントをクリアしておく必要があるわけです。

2　疑心暗鬼のブロックチェーン

権力の不在と透明性

暗号資産、暗号通貨、仮想通貨、いろいろな名称が使われていますが、**ビットコイン**を例とする――と表現すれば、多くの人が「ああ」と腑に落ちるシステムでしょう。

通貨としての利用の側面に目を向ければ、これまでに数多あった電子マネーと同様（使い勝手はむしろ悪い）と考えることもできますが、耳目を集めているのは特徴があるからです。その特徴の本質はおそらく2つに集約できます。「中央集権の仕組みではないこと」「参加者全員にとって透明な仕組みであること」です。

この特徴は、通貨でなければ活かせないわけではありません。実際、取扱量がビットコインに次ぐ2番手に位置する**イーサリアム**は、暗号資産としてよりもむしろスマートコントラクト（自動契約システム）の側面を期待されています。

他にも、暗号資産は海外送金費用が安いなどの特徴が挙げられることがありますが、これについては、既存の金融機関でも費用を圧縮できる余地があること、ビットコインなどの運用には莫大な電力が必要で、近年ではそれが一国の電力消費に匹敵することなどが指摘されています。仮想通貨や**ブロックチェーン**の仕組みでコストを議論するときは、電力消費をはじめとするマイニング費用のことを念頭に置かなければなりません。一システムの運用費として、これが適切かどうかは、今後コンセンサスを作っていかねばなりません。

ビットコインを例に取ると、その仕組みの根幹にはブロックチェーンがあります。ブロックチェーンという名の通り、データをブロック化して、それをチェーン状に数珠つなぎしたものです。ブロックチェーンにはビットコインの開闢から現在に至るまでの、すべてのコインの取引が記録されています。参加者はこのブロックチェーンを入手して、検証することができます。これが透明性のゆえんです。

参加者全員にデータを公開するとなると、セキュリティに問題があるように感じられます。確かに既存の金融機関であれば、取引記録を全世界に公開することは考えられません。幾重にも張り巡らされたセキュリティシステムのもと、ごく少数の管理者が情報を保全しています。

金融機関が十全に機能して、信頼できるものであれば、このような仕組みは安全で効率が良いものだといえます。しかし、たとえば金融機関が信用できない国や地域において、あるいは外から何をやっているのか見えない密室で業務が行われている金融機関においては、取引するのが心配になるのは当然です。権限を持っている管理者が不正をしていても、それを密室の外から確認するのは難しいからです。

この問題を是正するために、よく業務に取り入れられるのが最小権限の原則です。人は権限を持つほどに不正に心を動かされるという考え方に基づき、担当者にはその業務に必要な最低限の権限しか持たせないという手法です。スマホを使っているときに、NTTドコモやKDDIが用意したアプリが邪魔なのにどうしても削除できないという経験をお持ちではないでしょうか。一般利用者の権限ではアンインストールできないのです。

このような仕組みが組織や業務手順にも適用できればよいのですが、通常業務ではどうしても業務効率が優先されます。自動車メーカーの検査手順不正や素材メーカーの品質データ不正などの不祥事は後を絶ちませんが、面倒な手間を省くために本来持つべきではない権利を行使したり、手順を端折ったりすることが原因の一つです。

であれば、いっそすべてを公開して衆目にさらしてしまうことが、解決策になり得ます。誰かがおかしな振る舞いをすれば、とても目立ちます。それによって利益を逸失したり損を被る可能性のある人が、血眼になって不正を探してくれるかもしれません。

また、ビットコインには一定の管理者が存在しません。全参加者の多数決によって、ブロックチェーンが承認され、機能しています。これによって、管理者が不正をしたり、不当に利益を得る可能性を極小化できます。

こうした理念を技術面で支えているのが、**ハッシュ**と**マイニング**です。

ハッシュ値という不思議な数字

すべての利用者にデータを配布すると、第三者が不正なデータを追加するかもしれませんし、お金を使った人も「使った覚えはない」などと言い出すかもしれません。これらを防止するために、ブロックチェーンでは**ハッシュ値**が使われています。

ハッシュ値は、あるデータをハッシュ関数（いろいろ種類があります）にかけると出力される値で、たとえば「日本経済新聞出版社」というデータを、ＭＤ５ハッシュ関数にかけると、こういうハッシュ値が得られます。

d0ee5d01c5811b0eda648cdd8ba899f4

ハッシュ値の特徴は、

- 同じデータを同じハッシュ関数にかけると、必ず同じハッシュ値が出てくる
- ちょっとでもデータをいじると、似ても似つかないハッシュ値になる
- ハッシュ値から、もとのデータを推測することは事実上不可能

といったものがあります。

確かに、d0ee5d01c5811b0eda648cdd8ba899f4から、「おお、これはもとのデータは『日本経済新聞出版社』に違いない」と判断できる人はいませんし、もとのデータを「日本経済新聞出版」と1文字削ってみると、

88382fd6651e98be881677408f8a70fd

と、全然違う値が出てきます。この特性があるので、ハッシュ値はよくデジタルデータのサイン代わりに使われます。あるデータからハッシュ値を取得しておくと、そのデータが改竄

されたときにハッシュ値も変わってしまうので、改竄に気付けるのです。

もちろん、もとのデータとハッシュ値の両方が改竄されると、不正に気付けません。

また、パスワードをそのまま保存しておらず、ハッシュ値にして保存しているから大丈夫、と説明しているサイトがあります。

確かにパスワードをそのまま保存するよりは、ずっと安全です。そして、利用者がパスワードを入力してきたときには、そこからハッシュ値を作り、保存してあったハッシュ値と比較することで、正しいパスワードかチェックすることもできます。

とはいえ、実はハッシュ値を推測する方法はあります。たとえば、

aのハッシュ値　0cc175b9c0f1b6a831c399e269772661

bのハッシュ値　92eb5ffee6ae2fec3ad71c777531578f

と、繰り返していけば、理屈の上ではすべての文字列に対するハッシュ値が得られることになり、合致するハッシュ値を見つけ出すことで、「ああ、このハッシュ値は××だったんだ

図表3-1　ブロックチェーンとハッシュ値

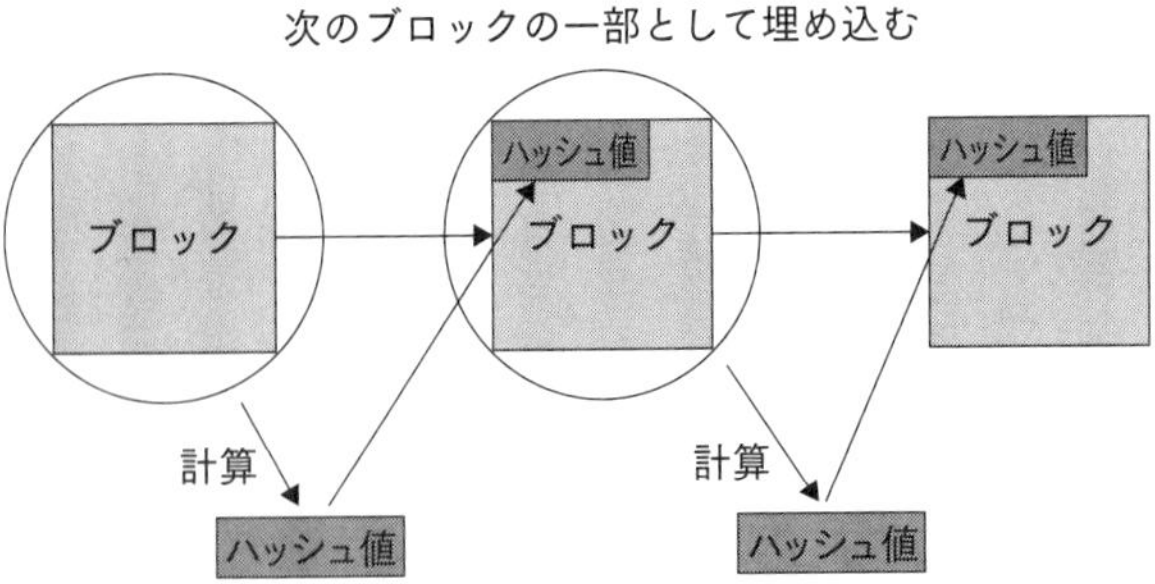

な」とわかってしまいます。

もちろん、それは「可能性がある」だけで、任意のパスワードを見つけるには無限に等しい試行錯誤が必要なので、事実上不可能＝安全という理屈です。

ただ、ありがちなパスワード、たとえば「123456」のハッシュ値は「92eb5ffee6ae2fec3ad71c777531578f」などと結果を蓄積しておけば（**レインボーテーブル**という手法です）、弱いパスワードを使っている人のハッシュ値はすぐに特定できてしまうかもしれません。

ブロックチェーンでは、こうしたハッシュ値の特性を利用して、仮想通貨の取引記録を改竄不能にしています。まず、１０００ほどの取引記録を集めて、データのブロックを作ります。このブロックのハッシュ値を計算し、次のブロックに含めるのです。すると、ブロック同士の関係は連鎖したものになります。しかも、ハッシュ値の計算自体がわざと難しいものになっています。

悪意を持ってブロックチェーンを攻撃しようとする者の視点で見ると、あるブロックに含まれている取引記録を改竄して不正を働くとき、その取引記録を改竄するにとどまらず、そこから得られるハッシュ値も改竄しなければなりません。

ところが、ハッシュ値は次のブロックにも埋め込まれているので、次のブロックも改竄する必要が生じます。次のブロックを改竄すると、次の次のブロックも……と延々繰り返さなければなりません。ビットコインの場合は、現在、80万近いブロックが数珠つなぎになっており、そこにはビットコインが登場してからいままでの全取引記録が収められています。仮に最初のブロックを改竄しようと思えば、気の遠くなるような作業になります。

ただでさえハッシュ値を得るのが難しくなっているのに、たくさんのハッシュ値を次々と計算していくのは事実上不可能ですし、もしもそんなことができる機械を用意するのであれば、まっとうな使い方をしたほうが、報酬をたくさん得られるように設計されているのです。

ブロックを増やしていく動機

ブロックチェーンの仕組みでは、取引記録をチェックして新たなブロックに格納し、ブロックの数珠つなぎを延ばしていく「誰か」の存在が不可欠です。

チェーンにブロックを追加する作業は面倒です。単純にいまのブロックのハッシュ値を計算するだけならすぐにできるのですが、**ナンス**と呼ばれる条件が設定されていて、その条件を満たすようなハッシュ値を探さなければならないからです。先ほども書いたように、わざとハッシュ値を作る難度を上げて、「気軽に不正などできない」ようにしているわけです。

でも、誰がそんな面倒なことをするのでしょう?

ビットコインなどの仮想通貨ではこの点が巧妙に設計されており、条件に合致するハッシュ値を最初に発見し、次のブロックの追加に成功した者には報酬（ビットコイン）が支払われるようになっています。

だから皆、次のブロックの追加競争＝条件に合致するハッシュ値の発見競争に没頭しているのです。これを採掘になぞらえて、マイニングといいます。

マイニングには強力なコンピュータとそれを動かす電力が必要で、現在では初心者が気軽に参加できるようなものではなくなっていますし、先に述べた電力消費量の問題も生じています。他人のコンピュータを不正に借りて、マイニングを行うような事件も起きています。

管理者を信頼する仕組みに慣れている利用者は、理屈の上では納得できても、不特定多数の人が運用するシステムに対する違和感を払拭することはなかなかできないでしょうし、スタートアップ企業がＩＣＯ（Initial Coin Offering：新規仮想通貨公開。独自の仮想通貨を発行して資金調達をすることです）で巨額の資金を手にする様を見て、「なんだか怖い」と感じた方も多かったと思います。仮想通貨やブロックチェーンは、まだその安全性を一般利用者に周知し続けなければならない段階にあります。

ブロックチェーンの使いどころ

ブロックチェーンの透明で公平な仕組みは、強権的なシステム変更やデータ変更には向きません。間違ったデータがブロックに書き込まれ、承認されてしまったとして、そのデータはずっと残り続けるでしょう。

だからこそ適しているんだ、という用途にブロックチェーンは使うべきです。間違ったから管理者がデータを消去できるのでは、既存のシステムと変わりがなく、膨大な手間と電力を投じてブロックチェーンの仕組みにするメリットを減じてしまいます。

また、マイニングに対する報酬も悩ましい問題です。仮想通貨のシステムでは仮想通貨自体を報酬にできたのでとても親和性が高かったのですが、それ以外の用途にブロックチェーンを使う場合は、別の報酬の仕組みが必要でしょう。誰か特定の運用者が報酬を支払うのであれば、公平な仕組みのはずなのに結局その運用者が力を持つようになるのでは、といった懸念もあります。

たとえば、「誰でも見ることができる。検証に参加することもできる」「それがたとえ間違った内容でも、書き込んだ情報は絶対に消せない」ことに強烈な価値がある仕事には非常に有用ですから、中央省庁の文書保管システムにブロックチェーンを採用するのは意味があるでしょう。

中央省庁がその業務にまつわる意思決定や決裁の問題を追及されたとき、関連文書が改竄されたり廃棄された問題が表面化しました。これなどはまさに、信用ならない主体が運営しているシステムであり、それに代わって参加者全員で監視・管理できるブロックチェーンを導入することは、とても意味があるケースです。ブロックチェーンであれば、改竄も廃棄もできませんし、記録を衆目にさらすことができます。ブロックチェーンが苦手とする、1秒、1マイクロ秒を争うような即時性も求められないので、いい活用事例でしょう。

しかし、ビットコインのような、マイニングに成功した人に与えるべき報酬をどのように用意するかという問題が残ります。たとえば議事録をもらえても、あまり嬉しくないでしょう。その報酬を国が用意するのであれば、結局は国がそのシステムに対して大きな影響力を持つことになり、システムの理念そのものがゆがむでしょう。また、仮に報酬とシステムを上手に分離することができ、公平なシステムを運営することができたとして、マイニング競争は莫大な電力を消費します。現状で稼働しているブロックチェーンのシステムは、この問題に無自覚なのです。

どんなに理念や効果が素晴らしくても、その対価として小国一国分の電力を求めるシステムに持続性はないかもしれません。ブロックチェーンは管理費用がかからないとする意見も目にしますが、マイニングに使われる電力という形で多くの人が広く薄く負担していますので、世の中のシステムがどんどんブロックチェーンへ移行していけば、電力消費の問題は必ず大きくのしかかってくることになるでしょう。

こうした問題を抱えつつも、ブロックチェーンはその透明性と公平性に期待がかかっています。確かに、システムに参加している人の間に信頼関係がなくても、導かれる結果が信用でき、透明性と公平性が確保できるのであれば画期的な仕組みです。社会をより良いものにする可能性もあるでしょう。しかし、いまの段階ではどの分野に使うべきか、どんな仕組みで導入するべきか、模索している状況です。

第4章

広がり続けるネットワーク

1　5Gで世界を知る

デジタル通信は何が嬉しいのか

5Gとは5th Generation の略なので、直訳すれば第5世代です。第5世代移動通信システムです。移動通信とは端末が移動できる通信形式のことなので、たとえばアマチュア無線なども含まれますが、スマホの文脈で移動通信という言葉が出てきたら、キャリア（電気通信事業者）が提供する移動通信、すなわち携帯電話網のことだと考えてよいでしょう。もちろんこのネットワークにはスマホだけでなく、タブレットやモバイルルータ、IoT機器なども接続することができます。

第5世代があるということは、第1～4世代もあるわけです。第1世代移動通信システムは、それまでの固定電話をそのまま無線に置き換えたようなシステムでした。無線通信を実現して、家の外でも電話ができるようになりました。

第2世代の主眼はアナログ通信をデジタル通信に置き換えたことです。アナログがデジタ

図表 4-1　アナログとデジタル

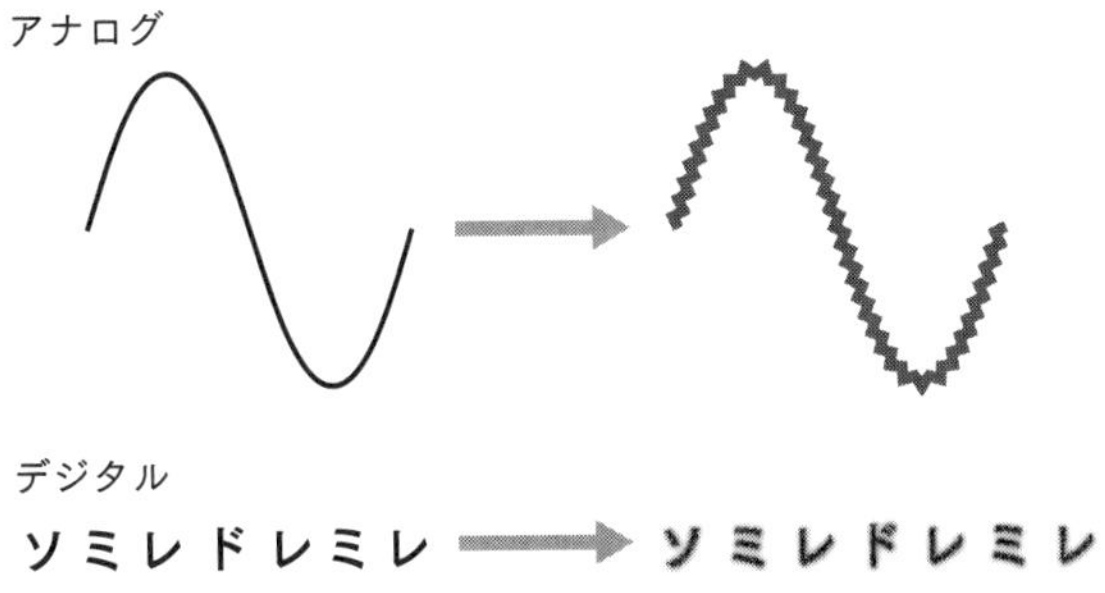

ルに置き換わるのがそんなに嬉しいのかと思われるかもしれませんが、少なくとも通信にとってはいいことずくめです。

たとえば、音階を伝えたいとき、アナログ通信ではそのまま波形を送ります。デジタル通信ではその波形から標本化、量子化、符号化を行って、符号を送ります。すごく大雑把に説明すると、図のようなイメージです。

どちらのデータを伝送するにしても通信経路上でノイズが混じるのは防げないのですが、アナログデータのノイズを除去するのが難しい一方で、デジタルデータなら少し滲んだり欠けたりしても、「おお、ソミレドレミレだ」と判別できます。

通信速度や通信効率を向上させるための伸びしろも大きくなりますし、何よりこの時期はＷｅｂやメールなどの需要の勃興期でもありました。それに対応し、より良質なサービスを展開するために、携帯各社は第2世代への移行を急いだわけです。

速く、大きく、だけじゃない

第3世代の特徴は、私は国際標準化にあると考えています。よく第3世代の特徴として、高速・大容量化が挙げられるのですが、それはどの世代でも生じているので第3世代に限った特徴ではないと思うのです。通信やストレージの分野には、「とにかく速く！　容量を大きく！」といった需要があり、それを達成するとそれに基づいたアプリケーションやサービス、生活基盤の変化が起きて、さらに高速・大容量を要求してくるといった無限サイクルがあります。そのため、高速・大容量化はすべての世代でまんべんなく見られるのです。

第3世代に際立っているのは携帯電話網や携帯端末を作るときのルール（**プロトコル**）を、世界的に統一しようという発想です。パソコンに周辺機器を挿す差し込み口でも、通信の取り決めでも、統一されていたほうが便利です。色々な差し込み口とそのアダプタがあるよりは、USBだけですんだほうがいいなあという具合です。

急速に市場が伸びている間は統一規格を作るために話し合う時間も惜しい（その分、新規製品をじゃんじゃん投入すれば、先行者利得でがっぽがっぽです）のですが、ある程度市場が安定してくるとルールを統一して相互接続性を高めることで、顧客満足度を向上させるメリットのほうが大きくなります。

そこでせっせと国際標準規格を作るわけです。もちろん、話し合いといっても、みんな自分になるべく都合のいい規格を作ろうとするので穏やかなものではなく、狐と狸の化かし合いじみたものになります。

動機はともかく、利用者にとってこれは益のある話です。移動通信はまさに端末を持って移動することに妙味があるので、「日本では統一されていますよ」だけでは不便なのです。国際標準規格になることで、海外に行ってもいつもと同じ端末をそのまま使えるようになります。第3世代でこれが達成されたといってよいでしょう。

iPhoneが第4世代を前倒し

第4世代も特徴を抽出することが難しい仕組みです。私は漸進的な変化だ、と考えています。というのも、第4世代はスマホ（とりわけiPhone）が直撃した世代なのです。各世代の登場は技術進歩のスパンや携帯各社の思惑もあって、概ね10年おきに起こっています。

ところが、「第4世代の登場までまだまだあるぞ」という時期にiPhoneが登場してしまいました。これでスマホが爆発的に普及します。

フィーチャーフォンとスマホは、最終的にはほとんど同じことができるように収斂していきましたが、やはり設計思想には大きな隔たりがありました。フィーチャーフォンはあくまでも電話から進化してきたもので、音声通話をサービスの軸と考えていました。データ通信はあくまでもおまけで、データ通信を利用するアプリもなるべくデータ量を抑えるように作られていました。

一方のスマホはもともとの発想がパソコンですから、抑制的に資源を使う考えは乏しいです。湯水のようにデータを消費しますし、電話は数あるアプリケーションのうちの一つという位置付けです。

これらの変化が一気に起こったので、第3世代の技術では激増する通信需要をまかなうのが困難になってきました。しかし、第4世代が現れるまでの「次の10年」はまだ遠く、なんとかしなければとステークホルダーたちが技術の漸進的変化に踏み切ったといえます。

今までであればパッケージとして「**4G**」にまとめられたであろう技術群が、使えるようになるごとにリリースされたのです。4Gとして目指していた水準ではないけれど、3Gとは隔世の感があるこれらは、3・5G、3・9Gなどと呼ばれました。長い時間をかけた漸進的進化ということで、**LTE**（Long Term Evolution）という呼称もあります。とにかく技術や名前が乱立した時代でした。あまりにも混乱したので、最終的にはこれらをひっくるめて4Gと呼ぶことにしたほどです。ですので、注意しないと同じ4Gでも、速度や容量に大きな違いがあります。

そして音声とデータが統合された

「スマホの時代」を象徴する4Gの特徴が、**VoLTE**（Voice over LTE）ではないかと思います。3Gまでは音声通話用の回線交換網と、データ通信用のパケット交換網が別個に用意されていましたが、4Gに至ってパケット交換網に統合されました。

違う言葉で説明すると、3Gまでは「電話は別格」だったので、電話専用の経路を整えて安定した通話を行えるようにしていたわけです。ところが4Gでは電話で使う音声データも、その他の一般データと同じように分割され、パケットに搭載され、相手に届けられたのちに再構成されるようになりました。

もちろん、それで大丈夫なほど（電話を特別扱いしないからといって、通話がぷちぷち切れたりノイズが入ったりしない）4Gが高速・大容量になったからですが、電話はすでにスマホにとってアプリの一つにすぎないことも、決断の大きな背景になっています。統合してよいのであれば、まとめてしまったほうが作りをシンプルにでき、メンテナンスしやすく、運用コストも抑えられます。

速くしても速くしても需要は生まれる

そこからさらに10年が経ち、5Gが登場しました。

5Gの特徴は高速・大容量、低遅延、多数同時接続だといわれています。高速・大容量はいつものやつです。どの世代でも、どんどん高速・大容量化してきたので、目玉機能の定番だとお考えください。

むしろ、4Gまででかなりの通信速度を達成してきたので、「これ以上速くしても需要がない」などと言われましたが、そこについてはあまり心配ないと思います。通信も記憶容量も、あればあっただけ新しい需要を思いつくのが利用者だからです。

たとえば、従来はスポーツの動画配信を見るときに一つの映像しか送られてきませんでした。たくさんのカメラで動画を押さえていても、映像ディレクタがその中のどの動画を使うか決め、配信してきたわけです。

5G環境下では収録したすべての動画を配信して、利用者がどれを見るか選ぶような使い方が提唱されています。この方法であれば、お気に入りの選手があまり著名でなくても、ずっとその人を見続けられるかもしれません。このような使い方をすれば、増えた分の通信容量はあっという間に消費されます。

コロナ禍という特殊環境がリモートワークを普及させましたが、5Gであればモバイル回線で十分にZoomやTeamsなどの会議需要に応えることができます。メタバースでアバターを使った会議なども実現するでしょう。おそらく「通信帯域が余って困る」といった事態は、これまで同様に回避されると考えます。

5Gの「低遅延」が役立つ分野とは

5Gはさまざまな技術の組み合わせで高速・大容量を実現していますが、高速化に大きく貢献しているのが高周波数帯の利用です。高い周波数を使うと、データ通信を高速化しやすいのです。

そんなに便利な高周波数帯を今までなぜ使ってこなかったかといえば、遠くまで届きにくいからです。今までよりもたくさんの基地局を建てねばならず、高コストです。

電波の回り込みも乏しくなります。5Gが使う高周波数帯は、特性的にはすでに可視光線に近くなっています。目に見える光が、あまりものの後ろ側まで回り込んで明るく照らしてくれないように、高周波数帯の電波も回り込んでくれません。目で見えるような場所に基地局のアンテナが必要ということです。到達距離の問題とあいまって、これも基地局を増やさないといけない要因になります。

低遅延はどうでしょうか。高速と低遅延は混同されがちですが、実際には違いがあります。たとえば、飛行機と新幹線だったら飛行機のほうが圧倒的に高速ですが、出発間隔が大きく空港でけっこう待たされます。新幹線は速度は遅いものの、頻繁に発車していますからあまり駅で待たされません。低遅延なわけです。

それが何に役立つかといえば、たとえば自動運転に役立ちます。車が走行中にインターネット上のサーバと通信したいときは、少しくらい通信速度が遅くても低遅延な仕組みのほうがいいです。自動運転では、動画を流したりするのと違って通信データ量は小さく、高速性の要求はさほどでもありません。しかし、通信が1秒遅延すれば、その間に車は何十メートルも進んでいます。低遅延であることのほうが重要なのです。

5Gはこの特性を活かして、遠隔医療などにも採用されていくでしょう。

同時多数接続がIoTを進化させる

同時多数接続は、実は5Gの最も特徴的な部分かもしれません。1平方キロメートルあたり100万台の端末を接続できることになっています。人間が持つスマホだけを想定するならば、こんな性能は必要ないです。つまり、スマホ以外の需要を見越しているわけで、それがIoTです。

あらゆるもの、あらゆる場所にセンサーを設置し、世界をもっとよく知ろう、そしてそれでもっと儲けようといった発想は昔からありました（**トリリオンセンサー**）。センサーを使って、世界の輪郭や社会の構造を知れば知るほどビジネスの種は出てきます。

しかし、センサーが拾ったデータをどうサーバへ届けるかが問題でした。膨大な数のセンサーを設置した場合、一つひとつ回ってデータを回収することは不可能です。そこでWi-FiやBluetoothが用いられ、インターネットを経由してデータを回収するわけですが、Bluetooth はPAN、Wi-FiはLANの技術なので、電波が届く範囲が短くなります。

IoTで世界を知ろう！と思っても、僻地や海上にはセンサーを設置しにくいという課題もあります。

しかし、WANである携帯回線が使えるのであれば、今まではデータ回収の観点から設置が不可能であった場所にもセンサーを置くことができます。何せ1平方キロメートルあたり100万台の収容性能がありますから、トリリオンセンサーのような構想にも対応できます。5Gがセンサー接続を多分に意識していることは、低速通信・低消費電力系の機能が充実している点でも明らかです。センサーは一般的にあまり大きなデータを送りません。しかし、設置される場所や数によっては電池交換がしにくいか事実上不可能なため、たとえ通信速度が低速でも電池を食わない機能があると嬉しいのです。

5Gを活用してさらにセンサーが設置され、私たちはより詳細に世界を知ることになるでしょう。少し気が早いですが、次に構想されている6Gではサービスエリアに公海や宇宙が謳われています。

2　個人的なWi-Fi

カフェで仕事したいんだけど

カフェに限らず、場所を選ばずに仕事できたらいいですよね。「飛行機や新幹線の中で原稿を書き上げてしまって、出張先に着いたら街中でも見て回るか」と、私もいつも夢想します。あまり実現しないですが。

後半はともかく、前半部分を実現する技術はかなり整えられてきました。クラムシェル型や2-in-1型のノートパソコンは薄く、軽くなりましたし、CPUもそれなりに強力です。問題になるのはネットワークへの接続です。あらかじめアプリケーションや資料を周到に準備しておけば、スタンドアロンでドキュメント作成などを行うことは可能でしょう。

でも、ネットから切り離されて気持ちよく仕事をしている間にクライアントの気が変わって、そのドキュメントはいらなくなっているかもしれません。やっぱりネットにはつながっていたほうがいいです。

現実的な選択肢としては、5G、4Gなどの移動通信を使うか、Wi-Fiを使うかの二択でしょう。会社のお金で5Gが使い放題という方は速度の点でも、接続できる範囲の点でもこちらを選ぶとよいでしょう。

いやいや自分は自腹だ、あるいは5Gは支給されているものの容量制限があり、それを気にしながら使わなければならないという方は、Wi-Fiを選ぶのがよいでしょう。実際、たくさんの人が使っています。

Wi-Fiは個人的な技術

このとき注意しなければならないのは、Wi-Fiのセキュリティです。Wi-Fiは、もとをたどれば有線LAN（イーサネット）を無線化しようという発想から生まれました。移動通信に比べると、とても個人的な技術なのです。

個人宅やビルのワンフロアを無線で結べればいいやと割り切った技術なので、設計はシンプルです。そんな技術だからこそ、私たちは無線局免許を取ることもなく気軽にWi-Fiを自宅に設置できるわけです。

それが、無線通信に対するニーズの高まりや、すべて移動通信を使っているとお金がかかること、移動通信側でもあまり通信が集中すると速度低下などを起こしサービス水準が下がってしまうことなどから、屋外での利用や、不特定多数の人がアクセスする用途へと拡大していきました。

端的に言って、Ｗｉ－Ｆｉが苦手にしているというか、当初考えていなかった使い方です。もちろん、Ｗｉ－Ｆｉは無線通信ですから、個人宅などで使う場合でも有線通信よりずっと注意が必要です。マンションの隣のうちくらいまでは届いているでしょうから、対策しなければ隣人に通信内容が漏れ放題です。

そこで認証や通信内容の暗号化を行って対策するわけですが、これも個人がベースになっています。Ｗｉ－Ｆｉのパーソナルモードといって、ご自宅で多くの方が使っているやり方です。送信側と受信側に同じキーフレーズを設定し、このキーフレーズをもとに暗号文を作り、もとの文（平文）への復号も行います。

この方式はとても手軽ですが、アクセスポイントごとにキーフレーズを設定していくため、一つのアクセスポイントを複数の人が利用する場合は同じキーフレーズを使うことになります。つまり、他の人の暗号を解読できてしまうわけです。

これが家族間であればいいのかもしれません。でも、カフェや空港でＷｉ－Ｆｉを使うときは困ります。そのカフェでＷｉ－Ｆｉを使っている人たちがみんな同じキーフレーズなので、中には悪い人がいて、他の人の暗号通信を解読して中身を盗み読みするかもしれません。

エンタープライズモードの弱点

こうしたことを防ぐため、また企業のオフィスなどでもＷｉ－Ｆｉに対する需要が高まったために、Ｗｉ－Ｆｉには後からエンタープライズモードというのが足されました。

エンタープライズモードでは、Ｗｅｂのサービスや SNS などにログインするときと同様に、各利用者に対して別々のユーザＩＤとキーフレーズを割り当てることができます。さらには、マイナンバーカードでも使われるデジタル証明書（電子ハンコなどとも呼ばれます）を使って利用端末を認証することもできます。

このモードを使うことができれば、複数の人が利用する状況でも安心です。しかし、ことはそううまくは運びません。エンタープライズモードは複数利用を想定していますが、不特定多数利用ではないのです。

一人ひとりにユーザＩＤとパスワードを割り当てるには、一人ひとりをユーザ登録する必要があります。会社であれば業務として粛々と実行されるでしょうが、一度立ち寄るだけのカフェや空港、駅などでこれに付き合ってくれる利用者は多くないでしょう。

また、エンタープライズモードでは、アクセスポイントとは別にユーザＩＤやキーフレーズを登録しておくための認証サーバを設置します。これを準備し、運用していくのは、小さな店舗などではなかなか難しいです。結論として、カフェなどでの一時利用には向いていません。

すると、パーソナルモードを使って、複数の人に同じキーフレーズを配ってＷｉ－Ｆｉを運用する店舗が現れますし、パーソナルモードがどうせあぶないならと、いっそ暗号化をしない店舗も出てきます。

暗号化しないケースは、近年のパソコンやスマホであればアイコンなどで警告してくれます。また、読み取られてもいい通信しかしていないこともあるでしょう。Ｗｉ－Ｆｉは暗号化してくれなくても、会社から支給されたＷｉ－Ｆｉとは別の技術で暗号化するから大丈夫という人もいるかもしれません。

しかし、現在のパソコンやスマホは、利用者が意識して利用しているアプリ以外にもバックグラウンドで多様な通信をこなしています。どのようなケースでも、暗号化していない

Wi-Fi通信は利用しないようにすることをおすすめします。

クラウドサービスでバックアップ

OneDriveやGoogleドライブ、iCloudなど、クラウドストレージサービスが花盛りです。一般利用者が最も触れる機会が多いクラウドサービスは、ストレージ機能を提供することらのサービスでしょう。

ただし、前提として、クラウドストレージサービスはバックアップのサービスではないことに注意してください。

クラウドストレージサービスの本質は、データをインターネット上のデータセンターに保存することで、パソコンやスマホなどの「どこに記憶しておいたっけ?」と悩まなくてすむ利便性にあります。

休日にスマホで撮った写真が自動的にクラウドに保存されることで、面倒な移動作業を行わなくても、会社のパソコンから業務中にアクセスしたりできます。

このとき、大半のクラウドサービスでは、スマホに写真を残しつつ、クラウドにもコピーを作り、それをさらに会社のパソコンへコピーする手順が踏まれます。すると、3つもデータの複製ができるので、「バックアップを取っている」ように見えます。実際、クラウドストレージサービスを便利なバックアップ媒体として使っている人も多いと思います。たとえば、この状態でスマホが壊れても、クラウドやパソコンには写真が残っています。

しかし、パソコンの操作を誤って写真を消してしまった場合、クラウドサービスは「この写真は不要になったので、利用者が明示的に削除した」と理解します。そのため、クラウド上からも、スマホからも写真を削除してしまうことがあります。

バックアップであれば、誤操作による消去からもデータを救えなければなりませんから、クラウドサービスは厳密にはバックアップではないことになります。特にビジネスで利用する場合は、この点によく注意してください。

もちろん、クラウドサービス側もこのあたりは心得ていて、あまりにたくさんのデータを消去すると「これ、本当に消しちゃっていいですか？」と聞いてきたり、Windowsのごみ箱のように、消去したデータを一定期間保存してくれるフールプルーフ機能（誤操作防止機能）を持っていたりします。

中には世代管理（最新のバックアップを取得・保持するだけでなく、過去の履歴も保管していて、「2月22日の状態に戻してくれ」といったリクエストに応えられる）などの高度な機能をオプションとして用意しているクラウドサービスもあるので、用途に合わせて適切な機能やオプションを使い分ければ業務遂行の強力なツールになるでしょう。

ただし、クラウドサービスが提供する機能は頻繁な変更や規約の改定が起こりがちなので、そこで提供される機能の能力を引き出すには恒常的な知識の更新が欠かせません。

バックアップや世代管理に力点を置いている場合は、「データをどこからでも使える」(位置透過性といいます)のが主眼のサービスではなく、バックアップや世代管理が専門のサービスを利用するのがよいでしょう。細かいメニューが用意されているので、使いこなすのは大変ですが、自分のニーズに合ったきめ細かいバックアップの設定が可能です。

バックアップを利用する場合は、運用までしっかり考えておくことが重要です。夜間にバックアップを取る設定をして、最初のうちはうまく動いていたので油断して監視の手を緩めたら、データが大きくなって翌朝の業務開始までにバックアップが終わらず常にエラーになっていた、などは現場あるあるです。そして、それに気付くのは障害が起きて青くなり、本当にバックアップが必要になったときなのです。バックアップの状態は常にモニターしておきましょう。

時間や容量の問題があるときは、必要なバックアップを毎日すべて取得する「フルバックアップ」ではなく、たとえば月曜日にはフルバックアップを取るけれども、火曜日や水曜日は月曜日から変更のあった箇所だけをバックアップする「差分バックアップ」を活用するなどの手段があります。

バックアップを保存しておく領域さえあれば、こうした機能はWindowsにも標準で搭載されています。設定→更新とセキュリティ→バックアップと進んでいくと設定項目が現れるので、一度アクセスしてみるとよいでしょう。

ただし、ファイルの世代管理をすると、あっという間に補助記憶装置の領域を消費していくので、使いどころと保存期間などは熟慮しましょう。

スマホのセキュリティも気にしておきたい

「会社支給のスマホを飲み屋で落としたかも。会社には言いたくないなぁ」……こんな「やっちまった」と思ったことを会社や配偶者に告げるのは勇気がいることですよね。しかし、おそらくは最初に騒いでしまったほうが傷は浅くてすみます。隠しに隠した挙げ句、隠しきれないほど大きく育ったインシデントは（よく使う言葉です。「ちょっとしたこと」くらいが直訳ですが、「でかいトラブルの芽」といったニュアンスを含んでいます）、クビや離婚に至る破壊力を秘めています。

ダイエットと同じで、「こっそりやろう」と考えてもなかなかうまくいきません。むしろ、初期段階で上司や管理者、詳しい人に告げて、しかるべき対処方法を教えてもらったり、利用権限を止めてもらったりしましょう。人に言うことは、責任を分散することでもあります。何よりもあなたの保身のために、きっちり報告をすべきです。

スマホを落っことした場合、取り得る選択肢は大きく2つに分けられます。GPSやWi-Fiなどの位置情報を使って捜す方向と、データを消す方向です。利用者としては、できるなら前者を採用したいところです。この方法で、自力で発見することができれば、会社や上司に対しては何事もなかったかのように振る舞うことができます。

データを消す選択をした場合、使っているマネジメントシステムにもよりますが、本当に跡形もなくすべてのデータを消すのがほとんどですので、安全度は高いですが、そのデバイスにしか保存していない大事なデータがあるとダメージは雪だるま式になります。

そこまでしなくても……と思うかもしれませんが、どんなによくできたロック機構もセキュリティ対策も、リスクをゼロにすることはできません。ふだんは利便性と安全性のバランスを取りながらシステムを運用しますが、「スマホを落っことした状況」はすでにリスクが顕在化しているので、ばさっとデータを消さないと対策としてはあまり意味がありません。副作用も大きい思い切った処置ですが、機密情報が漏れるよりはずっとマシです。

問題はどの時点で決断するかです。ほとんどの人がまずは捜してみると思います。位置情報が取れているなら、必ず発見できるだろうと。しかし、GPSやWi-Fiが拾える位置に落っことしたとは限りませんし、反応したとしても誤差は生じます。道を歩く分には気にならない誤差でも、捜し物の範囲としては広大になってしまうかもしれません。そうしているうちに、スマホのバッテリーがあがって、データを消すことすらできなくなるのがよくあるシナリオです。このあたりの判断も、経験のあるセキュリティ管理者のほうが適切に下せることが多いので、落っことしたらまずは報告しましょう。

ちなみに、位置情報からスマホの位置を特定して、運よく回収できたとしても油断は禁物です。標的型攻撃などでターゲットのスマホを盗み、マルウェアを仕込んだ後で、さも忘れ物か落とし物のように本人のもとへ返すのは攻撃者の常套手段です。「どう考えても自分のうっかりだ。まして自分はハッカーだのクラッカーだのに標的にされる人間ではない」と確信していたとしても、その裏をかいてくるのが優秀な攻撃者です。何かあったら、管理者に報告です。

二段階認証と二要素認証の違い

これは本当に面倒ですよね。でも、やっておいたほうがいいです。少なくとも、面倒なだけでちっとも安全にならないパスワードよりは、手数をかけた分、安全になります。

まずおさらいとして、認証のことを説明しておきます。ふだん、私たちが何の気なしに認証と片付けてしまう行為は、3つのプロセスで成り立っています。識別、認証、認可です。識別は、「これは誰だ?」です。認証は、「こいつは本当に本人か?」で、認可は「こいつには何をさせるんだ?」です。

情報システムを使う場合は、たとえばユーザIDで識別を行います。「hogehoge というユーザIDだから、これは岡嶋だな」とやるわけです。でも、ユーザIDなんて名刺に書いてあって、誰でも偽装できるかもしれませんから、「いまアクセスしてきているのは本当に岡嶋本人だろうか?」と重ねて問うことになります。これが認証で、パスワードなどを使います。晴れて岡嶋本人であることがわかると、認可のプロセスが待っています。「こいつは無料会員だから、有料記事Bは見せられないな。無料記事Aだけを見せよう」といった感じです。

今まで情報システムで認証といえば、その手段はパスワード一択でした。費用対効果の観点から、他にやりようがなかったのです。でも、パスワードは決してよい認証方式ではありませんでした。「本人しかこの情報は知らないはず」という、合い言葉方式で確認しているだけですから、これが脆弱なことはすぐにわかります。合い言葉は必ず漏れていきます。

もともと構造的な欠陥があるのに、なんとか安全に運用しようとするから、「あり得ないほど長く」「信じられないくらい複雑に」「定期的に変えろ」と利用者に無理難題をふっかけることになるわけです。

パスワードに代わる次世代型の認証方式として、個人に特有の生体情報（指紋や顔相、音声など）を使ったバイオメトリクスが登場しました。生体情報であれば、わざわざ作ったりすることも、どこかに忘れてきたりすることもありませんから良さそうです。実際、安全性の面で、良い成績を上げています。

しかし、だいぶ普及したとはいえ、生体情報を読み取るセンサーが必要なこと、体のその部位をけがすると使えないこと、高度な技術があれば指紋や音声の模倣は不可能ではないことなどから、決定打にはなっていません。模倣されたときに変更できないのもネックです。

そんな中で登場してきたのが、二段階認証です。これは、パスワードを使うけれども、それだけで本人と認めるのは迂闊なので、登録されているメールアドレスにメールを送って、そこに記入してあるハイパーリンクをクリックしてもらうといった、二回の認証を行う方式です。

このやり方は、攻撃する立場で考えると、「パスワードを盗んだり、推測したりする」「メールアドレスとそれを見るためのパスワードを別に入手し、メールボックスをのぞき見る」ことが必要になるため、不正アクセスをするためのハードルが上がります。

実際、セキュリティ水準は、ちょっと上げるだけで難を逃れられることも多いのです。攻撃者は余計な一手間をかけるよりは、別の被害者を探しに行きます。世の中に不用心な人や会社は溢れているからです。

この要素を変更すると、さらに安全にすることも可能です。たとえば、メールの代わりにスマホのショートメッセージを使うことでより安全になります。インターネットのメールは別のパソコンやスマホからも容易にアクセスできますが、通信事業者が提供するSMSは基本的にはその端末を持っていないと受信できないからです。

スマホにワンタイムパスワードを生成するアプリを入れることも容易になりました。パスワードは管理が面倒で、それが、簡単に推測できるパスワードを生んだり、いろいろなサービスで同じパスワードを使い回す行為を招いたりします。でも、ワンタイムパスワードアプりは、使い捨てのパスワードをその場で生成してくれます。あらかじめ確認が取れた端末でしか動かないので、攻撃者がこれを盗み見るのは困難ですし、仮に盗み見ることができたとしても、単位時間おきに（一般利用者向けでは、1分おきになっていることが多いです）異なるパスワードに切り替わるので、悪用の機会を限定できます。

手間は手間ですが、それを最小限に抑えつつ、最大の安全を引き出そうとしているやり方といえます。

このように、二段階認証は、2つの要素を組み合わせて（二要素認証）はじめて意味を持つことに注意してください。指紋認証（生体による認証。指の情報を盗んでこないといけない）＋SMS認証（所有物による認証。スマホを盗んでこないといけない）だと、攻撃者は生体と所有物、異なる2つのものを入手しないといけません。

でも、第1パスワード（知識による認証）＋第2パスワード（知識による認証）だと、2ステップの認証手順を踏んでいるようでも、どちらも知識で本人確認をしています。第1パスワードを盗めた攻撃者は、第2パスワードも盗める可能性が高いでしょう。

これは二段階認証ではありますが、二要素認証ではありません。利用しているサービスでこのような認証システムが使われていたら、ちょっと注意したほうがよいでしょう。

クラウドかオンプレミスか論争

ある技術が社会状況の変化、その技術自体の進歩などによって、開発思想や運用思想の揺り戻しを何度も繰り返すことがあります。たとえば、集中処理と分散処理などが典型的です。コンピュータの資源（演算能力、記憶能力など）は集中させておいたほうが効率が良いというところから始まりました。

しかし、多くの人がコンピュータを使うようになると、資源が集中しているコンピュータに遠隔地からアクセスする費用的コスト、時間的コストが無視できなくなります。また、資源を集中させて高効率で運用しているからこそ部署ごと、個人ごとといったカスタマイズが難しくなります。

初期の考え方であれば、とにかくコンピュータは高価で大事な資源なので、コンピュータの都合に合わせて個々の部署の希望などは二の次にしていましたが、コンピュータが普及し、低廉化してくると、むしろ個々の部署や人員の希望をくみ取ることが業務効率を上げるようになってきます。

そこで資源配置や処理権限を分散する分散処理がコンピュータ運用の主流へと躍り出るのです。

しかし、分散化が行きすぎると、また集中処理への揺り戻しがやってきます。あまりに分散しすぎた情報資源は管理の手間が累乗的に増大するからです。

これはどちらが正解といったシンプルな話ではなく、そのときどきの技術の成熟度と社会構造が複雑に絡み合って、暫定的な最適解を生み出し続ける運動といえます。その運動は現在も将来も止まることなく続いていくことでしょう。

クラウド（資源を自社内に囲い込むことなく、インターネット上の事業者から供給してもらう）か**オンプレミス**（資源を自社内に保有する）かといった論争も、この構図にあてはまるものです。

クラウドはとても効率がよく見えます。情報資源の分野においても規模の経済は強烈な効果を示しますので、サーバやネットワーク、OS、アプリケーション、電源、冷却施設などの資源をちまちまと自社で買い上げるよりも、世界規模のデータセンターを持つクラウド事業者がまとめ買いし、それを借り受けるクラウドのほうがずっと低コストで資源を使えます。自社内にサーバ設置用のスペースや、専門の運用要員を配置する必要もなくなります。

また、クラウドはコンピュータの運用事情にもマッチすることが多いです。コンピュータ資源は社員食堂のようなもので、飯時には満員だけれども、それ以外の時間帯はガラガラで施設を遊ばせているといったことがちょくちょく生じます。そうした施設を相手に「平均で50%の利用率です」などと言うことにあまり意味はありません。ピークの仕事量をいかにさばけるかが重要です。

すると、オンプレミスではピーク時の需要に合わせて情報資源を多く買い求める必要が出てきます。これが閑散期には無駄になってしまうわけです。また急に需要が高じたので明日買ってくるというわけにもいきません。

クラウドであれば資源は借り物ですから、ピーク時にはたくさん借りて、閑散期には素早く手放してといったことをきめ細かく無駄なく実行することができます。

その理屈でいくと「クラウド事業者側こそ閑散期に巨大な無駄が生じるのでは？」と思えますが、クラウド事業者は世界を相手に商売をしていますから、たとえば日本が夜間に入ってサーバ需要が減ったら時差のあるヨーロッパやアメリカ向けにサーバを貸し出せば遊休資源を出さずにすむわけです。専門知識を持つ要員の雇用も積極的に行うことができるため、運用水準も引き上げられます。

では、オンプレミスはもう使いどころがないのかといえば、これもクラウドに針が振れすぎれば、必ず揺り戻しが生じることになるでしょう。クラウドはその提供のされ方にもよりますが、オンプレミスよりカスタマイズ性が劣ります。それはそうです。資源を集中させて一括でばっさばっさと処理しているからこそ、安く素早く提供できるのですから。

近年の潮流としてはあまりハードウェアやソフトウェアをカスタマイズせず（余計なお金がかかるし、業務プロセスなども改善できないから）標準的な構成のまま動かすことが推奨されていますが、自社の強みを出すためにカスタマイズが必要なこともあるでしょう。その需要に応えやすいのはオンプレミスでしょう。

また、会社の事情によってはあまり情報部門を外部化して、要員などを含めたすべてをクラウドに依存することがリスクになることもあるでしょう。新規技術や新規事業に自社要員だけでは対応できなかったり、対応が遅れることも想定されます。経済効率が劣っても、こうした人的資源を自社内に持っておきたいニーズは強くあり、それにもオンプレミスが向いています。

セキュリティは一長一短あります。クラウドは（経済効率を求めて、その時点で最適な資源配分がなされるため）自分のデータがどこに保存され、どこで処理されているのかわからない、何かあっても駆けつけられない、だからセキュリティが不安だという言われ方をされます。

実際その通りです。悪意のあるクラウド事業者などを選定してしまった日には、会社の基幹業務の機密データがダダ漏れになる事態すら想定できるでしょう。しかし、ではオンプレミスなら安心かといえば、それも心許ないです。

自社がセキュリティ対策にビジョンを持って長期的な投資を絶やさず、人員も戦略的に育てて良質な待遇で確保しており、人員・機材ともに余裕を持って運用していると言い切れる企業は少ないでしょう。手元に置いておけば安心というものでもありません。銀行の金庫と自宅のタンス預金ならばタンス預金のほうが手元にありますが、おそらく安全なのは銀行の金庫のほうです。

それを踏まえた上で自社が置かれた状況を加味し、やっぱりオンプレミスだ、いやクラウドだという判断をしていく必要があります。

一家に一台？ 衛星通信

衛星通信というのはある意味で通信事業者の夢です。なにせ有線通信はケーブルを引き回すのが面倒です。切れたり故障したりすれば引き直しですし、それが海底ケーブルだったらめまいがしそうです。無線であれば、こうした手間から（一部）解放されます。

もちろん無線は無線でまずいところや手間のかかることが目白押しです。技術的難度が高く、高額な投資が必要なわりには有線通信ほど高速性や信頼性を高められません。

使う周波数帯域によっては、無線基地局（とそのアンテナ）もたくさん必要です。低い周波数の電波を使うと遠くまで届きますし、建物のかげなどにも比較的回り込んでくれますが、高い周波数のほうが高速通信を実現しやすいので、通信事業者はどんどん高い周波数に手を出します。

高い周波数は長距離だと届かず、回り込みにも乏しいので、たくさんアンテナを建てないといけません。結局のところ手間もかかりますし、高額になります。

有線ケーブルを引かず、かつたくさんアンテナも建てずに広域をカバーする通信を実現できないか?と突き詰めていくと衛星通信になるのです。

もちろん、衛星通信だっていいところばかりではありません。衛星の打ち上げ費用は高額で、打ち上げに失敗するリスクもあります。しかし、これらの要素さえ呑み込んでしまえば、広大な土地に素早く通信サービスを提供できます。

これまで衛星通信を実現するには、静止軌道に衛星を投入するのがセオリーでした。地球から見ると自分の頭上にぴたっと衛星が静止してくれているイメージです。ここからシャワーのように電波を浴びせ、森林や島嶼、公海でも通信ができるようにするのです。こうした地域を活動領域にする人はもちろん、従来型の通信インフラが災害でダメージを負ったときのバックアップ回線としても期待されています。

しかし、静止衛星にはいくつか問題があります。まず、静止軌道は高高度なので通信距離が遠くなり、遅延が生じ、強い電波を使うために衛星も大型化します。気軽にぽこぽこ打ち上げられるようなものではありません。資金力と技術力のある企業が万難を排してチャレンジするたぐいのものです。

ところが低軌道に目をつける事業者が出てきました。静止軌道よりもずっとずっと高度が低いのです。低軌道の衛星は静止軌道に比べれば低コスト、低リスクで打ち上げることができます。

地上との距離も近くなるため遅延が減り、電波強度の問題も改善します。そのため衛星も地上の施設も小型化することができ、さらに打ち上げ費用を減らせます。

ただし、低軌道衛星にも欠点というか、懸念事項はあります。静止していられないのです。

静止軌道よりずっと低い軌道を巡るため、速い速度を維持していないと重力に引かれて落ちてきてしまいます。ですから、地上から見ていると低軌道衛星はかなりの速度で移動していきます。もちろん、地平線の向こう側に行ってしまえば電波が届かなくなりますから、１基の衛星では通信網が築けないことになります。そこで、コンステレーション（星座）と呼ばれる編隊を組み、何基もの衛星で通信範囲が途切れないようにカバーすることになります。

つまり、多数の衛星を軌道上に投入しなければならず、デブリ（宇宙ごみ）の問題や地上からの天体観測を妨害する事象などが懸念されていますが、単にコストの問題と捉えれば許容できるほどに低軌道衛星の打ち上げは日常化し、身近なものになっています。

この分野ではテスラのＣＥＯとして著名なイーロン・マスクのスペースＸが**スターリンク**という名称で大きなシェアを得ており、多数の衛星によるコンステレーションを形成しています。日本での衛星通信サービスも始めました。固定のアンテナが必要なので、まだスマホで手軽に利用できるようなものではありませんが、次第に通信の選択肢の一つになっていくでしょう。

通信サービスはピンキリなので安易な比較はできませんが、通信速度はＷｉ－Ｆｉなどと遜色ない水準で、それを携帯電話サービスの数倍程度の価格（初期費用は除く）で利用することができます。

新ビジネスを支えるエッジコンピューティング

エッジコンピューティングとは、「いかにデータを動かさないか」を突き詰めた技術です。インターネット時代になって距離と時間を超克したなどといわれますが、コンピュータの通信自体は光の速さで動くわけではありませんし、仮に光速で伝達されたとしても、その頼みの綱の光速は1秒間で地球を7周半しかできないのです。CPUの処理速度から俯瞰すれば激遅です。

そこで、**HFT**（High Frequency Trading：高頻度取引）と呼ばれる自動株取引の世界では、取引所の近くや同一建屋内にサーバを設置することが常態化しています。1ミリ秒、1マイクロ秒、他社に先んじることが死命を制するので、ちょっとでもケーブルの長さを短くしたいのです。

一般的なインターネット利用では時間に対する要求はそこまでシビアではありませんが、早いに越したことはありません。クラウドコンピューティングが普及し、従来型の所有（たとえば、自分のスマホの中に映画のデータがある）ではなく、サブスクリプションサービスによる共有（クラウドから映画のデータを送ってもらう）が行われるようになると、大量のデータが長距離を移動するようになります。

すると、インターネットの基本である「フラットにつながった互恵的なサブネットワークの集まり」では、このような通信はさばききれなくなります。そう、インターネットの実際の姿はいまやもともとの理屈とはかなり姿を変えています。

今でも教科書には、自律したネットワークが協力してバケツリレーを繰り返していると書かれていることがありますし、私も基礎レベルの授業であればそう教えることもあります。でも、個々にポリシーの異なる自律ネットワークでは需要に応えることができないので、「自分の会社内のネットワークだけで解決してしまおう」「なるべくクライアントの近くにサーバを配置しよう」という発想が生じます。エッジコンピューティングは後者の発想に基づく技術です。

コンピュータもデータも1カ所に集中させ、物量にものを言わせてがりがり処理することで高性能と低コストを実現するのがクラウドです（図）。その欠点として利用者からの距離が遠くなるので、それを是正するのがネットワークのふち（エッジ）にサーバ（エッジサーバ）を配置するエッジコンピューティングだといえます。

図表4-2　クラウドとエッジコンピューティング

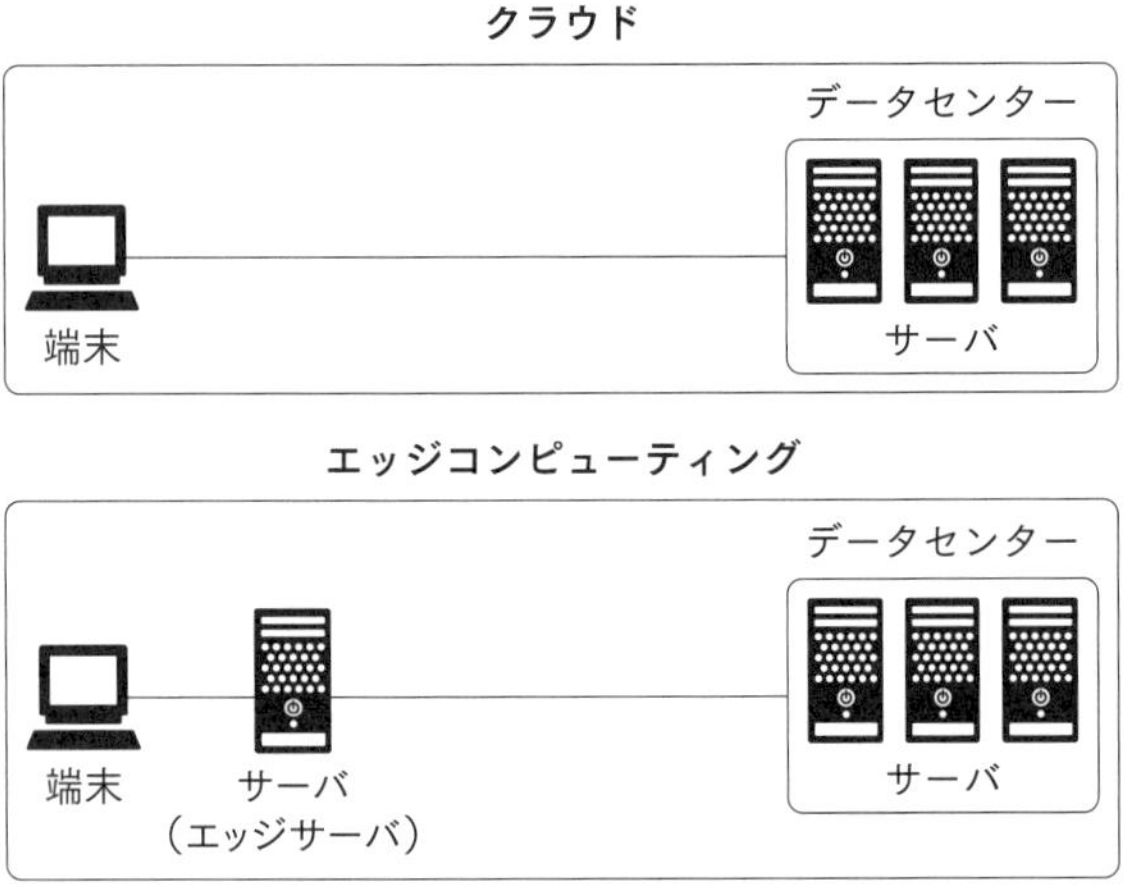

もっと速くと思うと、いくつかの技術が組み合わされます。エッジコンピューティングであれば、私が見たい映画は遠くのデータセンターではなく近くのエッジサーバにあるので、転送速度は速くなっているはずですが、それでもデータセンターからエッジサーバ間や、エッジサーバから端末間の通信が滞って台無しになるかもしれません。

そこで、これらの経路での伝送を他人任せにせず全部自社ネットワークでやってしまおうと発想します。先ほど2つ挙げた解決策のうち、前者のほうです。どちらもフル活用して高速な通信を実現するわけです。

こうした仕組みを**CDN**（コンテンツデリバリーネットワーク）といいます。利用者に対して前面に出てくるサービスではありませんが、すでにクラウドフロントやアカマイなどの支配的なネットワークが出来上がっています。

入鉄砲とゼロトラスト

ゼロトラストは、その名前から想像できる通り、「誰も信用しない」セキュリティモデルです。発想の転換が行われた、新しいセキュリティモデルと考えられています。

古典的な（そして今でも多くの組織で使われている）セキュリティモデルは境界線型（ペリメータ型）セキュリティモデルと呼ばれるものです。

安全な場所を作りたい、でも世の中全部を安全にするのは無理なので、自分のまわりに線を引いて安全な場所にしよう、線の外側は怖いけれども、内側は安全だ。そういう考え方です。鬼は外福は内方式といってもいいでしょう。

着想としてはとても自然で城や砦、万里の長城など、昔から多くの建造物がこの考え方によって造られています。

しかし、境界線型セキュリティモデルは欠点も古くから指摘されています。境界線の内側を信頼することが前提なので、内部犯に弱いのです。内側にいる人が寝返ったり買収されたりすると簡単に悪意のある行為を実行できますし、悪い人が境界線を越えて内側に入ってくるかもしれません。

この越境行為を取り締まるためにインバウンド通信とアウトバウンド通信は厳しく監視されます。箱根の関や、入鉄砲に出女、長崎の出島をイメージしてみてください。これは現代のネットワークでもまったく同じで、境界線に守られた内側は外界と通信できる場所を極小箇所に集約し、そこにファイアウォールなどの防護装置を立てて通信を監視します。

ただし、どうやっても監視をかいくぐる悪意ある通信は出てきますし、境界線の内部にいる、さまざまな情報資源にアクセスできる権利を持った要員の裏切りなどには無力です。

そこで、自分以外誰も信用しない「ゼロトラスト」が登場します。もはや境界線を引くこと自体がナンセンスで、境界線の内部を信頼しているから事故が起こるのだと。自分以外のすべてを疑ってかかればそもそも外だの内だの考えなくていいぞ、と方向転換したわけです。

セキュリティ的には利点の多い手法だと思います。しかし、コペルニクス的な転回かといわれると、そうでもないとも思います。大雑把に内と外とを分けるだけでは脆弱なことは大昔から経験則として理解されていましたから、たとえば過去の城塞でも境界線を何重にも引いた多層防御や、第二次世界大戦期の戦艦のように境界線で守る場所を細分化するセル型防御などが行われていました。

今の会社にあてはめるならば、1Fには登録されたゲストと一般社員、役員が、2Fには一般社員と役員が、3Fには役員しか入れないのが多層防御、自分が所属する総務課内は信用するけど、お隣の部署の秘書課は信用しないといった形式がセル型防御に該当します。

私はゼロトラストはこの延長線上にあると考えます。境界線で囲む場所を極端に狭くして、「内部」に自分しか入れない最小の境界線型セキュリティモデルです。「自分」が入出力するデータをすべて十全に検査するのはかなりのコンピュータ資源を消費します。それ自体は、これまでのグラフィックやメモリ、ストレージと同じでコンピュータの処理能力が向上することで問題にならなくなっていくでしょう。ただ、それが効率の良いやり方かどうかはよく考えて導入するべきです。

たとえば、自分の口に入るものをすべて毒味すれば安心でしょうが、私たちは街のスーパーやパン屋さんをある程度「信頼」してこれらの手順を省いています。セキュリティ的に「信頼」が大きな不安要素だからといって、それを社会から排除できるかどうか、そしてそれがいいことなのかどうかは不確定です。

第2章で解説したWeb3は社会から「信頼」を排除する試みだと言い換えることができます（提唱者のギャビン・ウッドがそう言っています）。どこかに権力が集約されると必ず悪意や瑕疵が入り込んでくる。だから、公平で透明な仕組みにする、すべてを疑う、その技術的裏付けとしてブロックチェーンを使う、それがWeb3の全体像でした。

理念としてはとても美しいですが、適用できる範囲や業務が限定的で、その動作にかかる資源や時間の効率も良くありませんでした。ゼロトラストもあまり原理主義的になると、利便性と安全性のバランスが悪くなって、利用者が離れてしまう可能性などが浮上します。

第5章
最近はやりのXX人材の育成

1　ＡＩと論理的思考能力

知識も思考力も必要

論理的思考能力の必要性が叫ばれています。２０２０年度からは、論理的思考能力を醸成するためと称して、小学校で**プログラミング教育**の必修化が始まりました。また、２０１９年度を最後に大学入試センター試験は終了し、２０２０年度（２０２１年１月実施）から**大学入学共通テスト**へと置き換わりました。変更の理由はいろいろありますが、大学入試センター試験では知識、技能に偏っていた評価項目を、思考力、判断力、表現力にシフトさせる狙いがあります。

これはいまに始まったことではなく、数十年前から延々と続く施策の延長線上にあります。いわゆる「ゆとり教育」は、１９８０、１９９２、２００２年度に段階的に施行されました。私も初等教育を受けていた時期で鮮明に覚えていますが、従来の教育が「詰め込み教育」であるとして否定され、ゆとりある環境の中で好奇心や思考力を大切に育もうといったことがいわれました。

一方で、学力低下への懸念も示され、「脱ゆとり教育」として2011年度から授業時間やカリキュラムが増加することになりました。

知識か、思考力かは、よく二項対立で議論されますが、少なくとも教育の現場ではどちらも必要です。

私自身も生きた詰め込み教育の時代は、確かに子どもたちに疲弊があったでしょうし、テストが終わるとすぐに内容を忘れてしまう、いわゆる剝落学力をつけているだけだったのも事実でしょう。

とはいえ、子どもたちに知識がないと、思考力を養うような授業ができないのもまた事実です。思考力を養うための教育方法として、PBL（Project Based Learning：課題解決型学習）、もしくはPSL（Problem Solving Learning：問題解決型学習）や体験型学習、反転講義、ディベート、グループワークなどのアクティブラーニング（能動的学習）が推奨されていますが、ある程度の知識がないと教室が水を打ったように静まり返り、授業にならない手法でもあります。

私自身は定時制の高校や大検（大学入学資格検定。いまの高認：高等学校卒業程度認定試験）での学びを経験し、ＢＦ（ボーダーフリー）に近い水準の大学での講義経験もあります。正直なところ、こうした教育現場で生徒、学生の能動的な関わりを前提とするアクティブラーニングは、なかなか機能しないだろうと思います。成績上位層の学生に対してはアクティブラーニングは強烈に効きます。基礎知識の習得が早く、また習得が遅れた場合の保護者などのサポートが手厚く、自己肯定感も強い層だからです。そのため、成績上位層での成功体験が中央教育審議会での議論を後押ししていると考えられますが、成績下位層には厳しい施策です。アクティブラーニングの前提として、無駄に思えてもある程度の知識習得は必要です。

ともあれ、ゆとり教育自体は、当初の目的は果たしたと思うのです。詰め込み教育、受験戦争といわれた時代、子どもたちは確かに長時間勉強していました。諸説あるものの、ゆとり教育を経た生徒の学習到達度調査の結果は、やや下がっています。「勉強」、特に初等中等教育における「勉強」は、多分にやればやっただけきちんと結果が出る傾向にある学びが多いので、成績が下がっているということは、勉強時間がちゃんと減っていることを強く示唆しています。もともと、子どもたちが詰め込みでかわいそう、疲弊していてかわいそうといったところを端緒に、いじめや校内暴力、不登校（引きこもりという言葉は一般的ではありませんでした）をなくすことを狙った施策ですから、いじめが減ったかどうかはともかく、「ゆとり」の時間は捻出できたと評価するのが公平でしょう。

AIを理解するために論理的思考能力は重要

ゆとり教育導入時にいわれた、新学力観や生きる力でも、いまのグローバル社会で活躍するための条件としても、知識参照型の能力ではなく、新しい事態、新しい状況、新しい技術に対応できる思考能力が必要です。

まして、現代では生活にスマホやPCが深く浸透し、人間の記憶力はかなりの部分、これらの機器へと外部化することができます。微に入り細を穿つような記憶力を発揮しなくても十分に生活や業務ができますし、記憶力で情報機器に敵うものでもありません。

第1章で議論したように、従来の方針通り、AI的なものに単純作業を任せ、人間は高度な創造性や高い生産性を持つ作業に従事するのであれば、AIを上回る能力を身につけなければなりません。その能力の核心部分は論理的思考能力でしょう。

また、人間の代わりにAIを社会の中心に据えるような世の中を想定する場合でも、全部AIにお任せというわけにはいきません。現時点でいわゆる「AI」を実装する手法としては、先に触れたように強化学習や深層学習がメインストリームですが、これらによって構築されたＡＩは、結果は示すものの、なぜそのような結果を示すのか、内部のロジックを明示してくれるものではありません。

いくら表面上の挙動が良好でも、どういう仕組みで動いているのかがわからなければ、本当に安心してそのシステムを使うことはできません。命に関わるシステムであったり、社会基盤となるシステムであればなおさらです。

したがって、ＡＩ中心の社会を作るにしても、ＡＩの動作機序を理解できるような人材は必ず求められます。ここでも、その能力のキーとなるのは、論理的思考能力でしょう。

問題は、その論理的思考能力をうまく養えるかどうかです。

プログラミングはコミュニケーション

プログラミング教育に関しては、少なくとも文部科学省の本気がうかがえる内容になっています。今度こそ、とも思っているでしょう。果たして思惑通りに、プログラミング教育をてこに論理的思考能力を伸ばすことができるでしょうか？

コンピュータとは人間の指示命令を受けて、その意の通りに動き、問題を解決する機械です。それ以上でもそれ以下でもありません。コンピュータがいい仕事をできるかどうかは、ひとえに人間がコンピュータに合った指示命令をできるかどうかにかかっています。

ＡＩですら、最初にどう動作するかを定義し、「こういうふうに学習して賢くなっていって」と指示しなければ、動き始めることができません。

その、コンピュータに対する指示命令群が「**プログラム**」で、プログラムを作る作業が「プログラミング」です。これを小学校で必修化したのです。

ただし、ちょっと補足が必要かもしれません。ここで、小学校時代の運動会のプログラムを思い出してみてください。

1. 開会式
2. 徒競走
3. 綱引き
4. 騎馬戦
5. リレー

……などと書いてあったはずです。やるべきことが端から順序よく並べられています。

コンピュータのプログラムもまったく同じで、端から順にやるべきことが書いてあります。

```
#include <stdio.h>
int main(void)
{
    printf("Hello,world¥n");
}
```

プログラミング言語は人造言語で、**マシン語**と呼ばれるコンピュータが直接理解できる言語に翻訳しやすいのが特徴です。それなら直接マシン語でプログラムを書けばいいと思われるかもしれませんが、マシン語はコンピュータのネイティブ言語であるだけに人間にとっては非常に習得しにくいものになっています。

また、「どうせ翻訳するのなら、日本語をマシン語に翻訳すればいいのに」もNGなのです。日本語の文法は曖昧で例外に満ちており、満足な翻訳機（方式によって、インタプリタやコンパイラなどの種類があります）を作ることができません。

そこで、文法がすっきりしていて、人間にとって書きやすく、翻訳機にとって翻訳しやすいプログラミング言語が作られたのです。プログラミング言語には用途や時代によって多くの種類があり、それぞれ使えるマシンや得意な分野が異なります。**C言語**は通好みの汎用性と効率性の高い言語ですが、その一方で習得が難しく、同じ仕事をさせるにも無限の書き方があるため他人が書いたプログラムを読み解くのに苦労します。

Javaは特定のOSに依存しない使いやすさがありますが、それを担保するために**仮想マシン**を使っているので、実行速度で他の言語に後れを取ります。

最近、AIを活用したプログラムによく利用されている**Python**は可読性が高く（人間にとって読みやすい）、初心者にも使いやすいのにプロも満足する高機能が特徴です。しかし、大抵の言語でそうなのですが、「使いやすい」ものは「曖昧さを許容している」ので、熟知して使わないと思っていたのと違う動作をすることがあります。

統計処理を得意とする**R**も人気が高まっています。統計解析を行うのであれば、簡単なプログラムで高度な解析処理が可能ですが、他の用途に転用しにくく汎用性はありません。ちなみに、先に例として挙げたプログラムはC言語で書かれています。

「プログラム」や「プログラミング」が狭い意味で使われる場合、日本語による指示を、プログラミング言語に置き換えることを指します。この作業をプログラミングないしは**コーディング**、出来上がったプログラミング言語による指示命令群をプログラムと呼ぶわけです。プログラムはコンパイラによってマシン語に翻訳され、いくつかの付加物をつけることによって実行ファイル（**アプリケーション**）になります。

つまり、狭義のプログラミングとは、日本語（他の自然言語でもいいです）をプログラミング言語に置き換える翻訳作業で、どちらかといえば単純作業に近い領域に分類できます。プログラミングというと極めて高度な作業だと考える方もいますが、難解な数学やアクロバティックなアルゴリズムを駆使して魔法のようなプログラムを作るのはむしろ稀で、特に実際の業務の現場では、複雑なプログラムや難解なプログラムはチーム内での共有の難しさやメンテナンスの困難さを引き起こすため、敬遠されます。

なぜいまプログラミング教育なのか

一般的にプログラミングの仕事は、誰でもわかるように書かれた設計図や指示を、誰でもわかるように平易なプログラミング言語に置き換えていく地道な作業です。

もしも、プログラミング教育が、このプログラミング（コーディング）のための知識や技術の習得を目指すものであれば、それは万人に必要な技術なのか？という疑問が湧き起こったでしょう。

もちろん、プログラミングはすべての人に必要な技術ではありません。日本に暮らす人が全員、C言語でアプリを作れるスキルを備えても、宝の持ち腐れになることがほとんどでしょう。

また、いまだ達成はされないものの、プログラミング作業そのものは今後、自動化の推進が急速に進むと考えられる分野です。最近では、定型的で簡単なプログラムであれば、言語で記述するのではなく、設計図や、それこそ子どもにプログラミングを教えるときに使うツールのように、ブロック（個々の命令を模している）の積み上げによって指示を表現できるようになってきました。

では、なぜいまプログラミング教育なのでしょうか？

プログラム自体が何かの問題を解決するための手段であり、プログラム制作は問題を解決することそのものだからです。

先ほど、狭義のプログラミングは日本語をプログラミング言語に置き換えることと書きま

したが、プログラミングを広く捉えた場合は、

問題の発見↓理想と現実のギャップを抽出↓その差を埋めるための解決策の思考↓解決策のうち、情報システムで行うべき部分の切り出し↓情報システムの設計↓狭義のプログラミング↓解決策の実行と評価↓先頭へ戻る

と、問題の発見から解決までの長い道のりすべてを含むことになります。

これは相当に高度な作業です。よく大学の学生の生活を指して、解決策を教えてもらうのが学部生、解決策を自分で作れるようになるのが修士課程、解決すべき問題を発見できるようになるのが博士課程といいます。

ふだん漫然と生活していると、ちょっとの不便や不自由、不快を感じても、それをやり過ごすようになってしまいます。そのほうが楽で生活をしていく上での効率もいいからです。いま覚えた違和感のどこに問題があって、その問題は理想と現実の差分のここに起因するものので、差分を解消するためにはこのような解決策が考えられる……などといちいち思考していたら身体が持ちません。

でも、この面倒なプロセスを踏んで、クリアしていくことができれば、世の中が少しずつ良くなっていくかもしれません。プログラミング教育はそれをやろうとしています。狭義のプログラミングではなく、問題の発見から解決までをスコープに入れているのです。ですから、個人的に2020年に始まった小学校のプログラミング教育には大いに賛成しており、期待もしています。

そして、この施策は、いまがAI時代だからとか、データサイエンスをやらないと世界に置いていかれそうだからとかいって、ぽっと出てきたわけではありません。数十年の間、綿々と続いた、次の世代の子どもたちには論理的思考能力をつけてほしい、それが生き抜く力になる、という理念を継承しています。

コンピュータは鍋を見ておくことができない

問題を発見し、その解決策を導くプロセスは論理的思考のかたまりです。また、相手がコンピュータであることも、プラスに作用します。人間が相手だと、あまり論理的でない考え方をしても、相手に伝わってしまったり、PBLの最後に「気持ちで頑張りました」といった発表でなんとかなってしまうこともあります。

コンピュータは論理機械ですので、論理が破綻しているとそもそも動いてくれません。コンピュータ相手に解決策を試行錯誤していくことは、とても良い思考の練習になるでしょう。

また、仕事を進める上で大切な、作業のブレイクダウンも必ず経験することになります。コンピュータは幼児と同じです。大雑把な指示や曖昧な指示が通用しません。「お鍋を見ておいて」という指示は、人間の大人相手には通りますが、コンピュータと幼児にそう指示したら、ただ鍋が噴きこぼれる様を観察することでしょう。

「鍋を見ておく」というのは、とても高度な要求です。実際にはただ鍋を見るだけではなく、鍋の内容物の不穏さや火加減、蒸気の具合を比較考量し、もしも臨界点を超えそうになったら火加減を弱くする作業を割り込ませなければなりません。

これを、「鍋を見ておく」の一言で表現できるのが人間のすごさですが、コンピュータを使役したり、あるいは同じ人間が相手でも異なるバックグラウンド、文化、教養、言語、信念、宗教、生活環境を持つ人と議論したり指示したり、仕事を透明化して共有するためには、もっともっと作業を細分化する必要があります。

人間同士の社会の中で暮らしているからこそ、こうした細分化の必要性を意識したり、練習したりすることはなかなかできないのですが、プログラミングはそれが無理なく自然にできる作業です。

ちょっと飛躍した言い方になりますが、相手のバックグラウンドに合わせて、問題の捉え方や解決策の考え方、提示の仕方を思考したり変えたりすることは、一種のコミュニケーションです。プログラミングはともすれば孤独な作業で、むしろコミュニケーションを阻害するように捉えられがちですが、コミュニケーションで必要な能力の一部を醸成することも可能です。

また、教育が進み、プログラミング教育で取り組む問題や成果物が大きくなってくると、必然的に問題解決やプログラミングはチームで取り組むべきタスクになります。プログラミング教育を通して、プロジェクト管理や組織運営、人的資源の配分、納期の遵守、成果物に対しての評価の方法などを身につけることもできるわけです。チーム運営に際して、対人コミュニケーションも非常に重要です。

もちろん、これを実践するのは極めて手間のかかることですし、何よりも教員の質に依存します。とはいえ、プログラミング教育がそれだけの可能性を秘めていることは確かです。

評価が創造力を潰す

半面、心配なのは、実施の体制が整わないことです。

これまでに記してきたことを実現するためには、教員に高いスキルが求められますが、情報分野の教員はとても少ないのが現状です。そもそも、情報教員の免状を取る学生がいません。食べていけないからです。

どの学校もコスト圧縮圧力が強い中で、単位数の少ない情報、プログラミングにはなかなか人員を割けません。専任の教員が置ける学校はよほど恵まれている学校でしょう。

ただし、プログラミングの学習それ自体が単独で成立しないことは悪いことではないのです。プログラミングはあくまでも問題解決の手段ですから、それだけを切り出して学ぶよりも、算数の問題を解決するために算数の授業の中でプログラミングを使う、国語の問題を解決するために国語の授業の中でプログラミングを使う、といった進め方、教育の仕方には賛成です。

しかし、受験科目としてウェイトの低い科目は、教育の現場ではどうしても軽視されがちです。学校経営において、保護者や児童、生徒に対する訴求力になりにくいからです。

以前に情報が必修になったものの、実際には他の主要受験科目の授業に振り替えられたり、情報の授業はしているものの、きちんとオペレーションできる教員がいないので、ネットサーフィンをしてお茶を濁したりといったことが起こりました。こうした実例の轍を踏まないように、最大限の注意を払う必要があるでしょう。

また、文部科学省や小学校の現場で、「子どもたちはプログラミングが好きだから、授業運営は大丈夫だろう」と楽観的に捉えているのも、不安要素です。これまで行われてきた論理的思考の醸成を促すカリキュラムは、お世辞にもうまく運用されてきませんでした。

学校で教えるということは、良くも悪くも評価をしなければならないからです。

思考が重要なんだ、正解は無限にある、だから柔軟に発想してね、と先生がいくら力説しても、子どもたちは最終的には点がつくことを知っています。自由に想像の羽を伸ばしても、評価が下がっては元も子もありません。むしろ授業で必要なのは、高い得点を得ることだと知悉して、最適化行動を取ってきます。

先生の側も、「いろいろな案を期待してるよ」と言いつつも、後で得点化するために、心の内に模範解答を定めています。すると、子どもたちの創造力、想像力は、先生が秘めている正解を探ることに費やされます。これでは、いままでの教育と変わりありません。

プログラミングには華々しい側面や成果物が目に見えて全能感が得られる効果がありま す

が、多くは地味で手間のかかる作業で占められています。これを心から好きな子どもは、やはり少数派です。いまは試行段階ですから、視察やプロトタイプで目にする子どもたちは「好きで集まっている子たち」です。それはそれは頑張って作業に取り組んでくれます。

しかし、すべての子どもたちが同じ反応を示すと予測していると、足をすくわれるかもしれません。いま、プログラミングが好きで、楽しんでいるように見える子どもたちも、ひょっとしたらプログラミング環境が好きなだけかもしれません。

子どもはプログラミングが好き、は大人の願望

初級のプログラミング教室でよく使われる**マインクラフト**という教育アプリケーションがあります。レゴのブロックのようなものを仮想空間に積み上げ、世界を作り、そこでキャラクターを動かすことができます。単にブロック遊びをするだけでなく、ブロックを使って論理回路（ピタゴラスイッチを想像してください）を構築することができるため、教育効果が期待されています。もとがゲームのデザイン、インターフェースですから、楽しいのはある意味で当たり前だともいえます。

マインクラフトは子どもたちに一様に人気ですが、それはひょっとしたらプログラミング

の要素ではなく、ゲームの要素に魅力を感じているのかもしれません。もう1ステップ進んだ、子ども向けプログラミング環境に**スクラッチ**があります。これは子ども用にフレンドリーなインターフェースになってはいますが、ぐっと「仕事感」が増します。この段階では、デスクの前に座っていられなくなってしまう子どもが一定数現れます。

「子どもたちはプログラミングが好き」は、かなりの部分、大人側の想像や願望でできている考え方です。必修化したからこそ、全国展開する前に、教育手法をフォローアップし再検証しなければなりません。

そうやって子どもたちを、論理的で多様性を許容する人材として育てたとしても、それを受け入れる素地が社会にないと、まさに宝の持ち腐れになります。

教育現場は理想論が（比較的）通りやすい場所なので、いまの段階でもだいぶ子どもたちが論理的にものを考えるようになったり、多様性を受け入れられるようになってきていると感じます。

それが、就職活動で一瞬でひっくり返ります。

論理的思考能力や多様性を、企業が求めていないからです。

外聞がありますから、就活時の惹句としては、これらこそを求めており、いまの時代を生き抜く上でどれだけ重要な力かを企業は力説します。でも、本音の部分では、論理的にものを考えたり、主体性を発揮したりしないで、唯々諾々とサービス残業をしてほしいとか、いろいろな考え方があると面倒くさいから、会社の考え方に染まって異論を挟まないでほしいとか、論理的に筋道を立てて上司を論破したりしないで、気合いで営業に行ってこいと考えているのが、どうしても透けて見えてしまいます。

学生はそうした企業のダブルバインドに極めて敏感ですから、採用してもらうために最適化行動を取り、論理性や多様性を封印して、皆同じようなリクルートスーツの袖に腕を通します。

次世代で生き残れる力を持った人を育成し、十全に力を発揮してもらうために、学校教育の現場が努力することはもちろん大前提なのですが、そこで育成された人を受け入れ、活躍させるステージである社会の側も変わらないと、せっかくの力が発揮できず、何のために人材を育成しているのかを問い直すことになるでしょう。

DXが失敗する理由

DXが失敗する理由は、それを導入する人々の真面目さに尽きると思います。DXはデジタルトランスフォーメーションの略語です。その心は、「デジタル技術を使って、変える」です。

変えたほうがいいことはわかってるんだけど、何かの理由で変えられないことというのはあります。手作業の限界や、かさむコスト、人間関係のしがらみもあるでしょう。それが、「デジタル技術」の登場で変えられる！　変えよう！がDXの神髄です。

極端な話、変えられるなら手段はデジタルツールでなくてもいいと思います。でも、デジタルツールは汎用性が高いし、色々な言い訳にも使えそうです。「上司が帰らないと、たとえ自分の仕事が終わっていても部下は帰れない」という状況はおかしいですが、でも上司に面と向かって「おかしいです」と言えば角が立ちます。次のボーナスの査定が下がるかもしれません。変えたいけど、変えられないんです。

でもAIが信頼を獲得しつつある社会で、「AIがもう帰れって言ってます」と主張すれば、無駄な残業をしなくてすむかもしれません。私はこれも一つのDXであると考えます。

メタバースもDXの一種です。「感覚過敏だから大声を出す人が苦手だ。でも、絶対に出席しないとまずい会議に声の大きな人がいる。いやだなあ」と思っていても、おいそれと配置換えを希望できませんし、「声を小さくしてください」などと言ったら仕返しされそうです。

でも、メタバースで行う会議ならミュートしてしまえばよいと思います。変えたいと思っていたけれど、いままで手段がなくて実現しなかったことが、デジタル技術の力で変わったわけです。

Dはともかく X がない

ところが、多くの組織で行われるのが、「デジタルツールは導入するけれど、業務手順や組織のありようは変えない」という選択です。「なるべく今の状況を変えたくない」と考えるのは本能のようなものなので、そうした声も原因の一つに挙げることができるでしょう。

でも、もっと大きい理由は、日本においては「真面目さ」だと思います。みんな恐ろしく真面目に仕事に取り組むので、ちゃんと結果が出たか指標化しようとします。とはいえ、「どのくらい変わったか」なんて、なかなか数値になりません。

そこで数値化しやすい指標を探すと、見つかるのです。「1人1台のPC体制は何%実現しましたか」「ハンコが必要な書類を何%減らすことができましたか」。実に数字にしやすいです。

ＰＣもハンコも目的ではありません。「1人1台のＰＣがあるから、今までできなかった××ができるぞ」「わざわざ本部にハンコを押しにいかなくてすむようになったので、空いた時間で○○がやれそうだ」これが本筋でしょう。

しかし、「できることなら変わらずに逃げ切りたい」「仕事の結果を数値化しないと気がすまない」といった考えがブレンドされた結果、「ＤＸの推進は順調で、100％の書類をハンコレスにすることに成功しました」といった成果が生み出されています。この部分を変えていかなければ、ＤＸは必ず失敗するでしょう。

社会人は学び直すことができるか

また、**リカレント教育**の重要性は言うまでもありません。リカレント教育はずいぶん昔（1970年代）にＯＥＣＤ（経済協力開発機構）で提唱された生涯教育の考え方で、就労と教育を交互に繰り返すことに特徴があります。社会の複雑性や流動性が増している状況に対応するためには、就労しながらの学びには限界があり、まとまった時間を取って教育機関に返り、また巣立っていくプロセスが必要との発想を根源に持っています。

学校教育の現場でも、まだ社会に出たことのない学生にとっては、社会人の参加は刺激になり、貴重な知見を得る場にもなります。異なる業種や業態で働く人々が交流して知識・知恵が活性化され、人的資源のネットワークを構築できる意味もあり、メリットの大きい施策です。

欧米では（発祥の地でもありますから、自然なことですが）本来の理念通り、就労→就学→就労→就学の循環教育を機能させている国がありますが、日本では一般的にこの形態が十全に機能しているとは言いがたい状況にあります。

大きな理由は雇用慣行です。長期の休職や、一度辞めた会社に復帰するといった行動がまだあまり一般化していないため、こうした循環プロセスを構築しにくいのです。欧米型のリカレント教育に飛び込む人もいますが、よほど恵まれた就労条件でないと、一度辞めて、リカレント教育を修めた後は別の会社に就職して、というサイクルになります。

せっかく再教育を受けたのですから、前職よりもっと納得のいく、本人にとって充実感のある就労になるべきですが、実態としてはこの時点でステップダウン転職になる人が大勢います。

選択肢の幅が広い就職活動ができるのが新卒時に限られがちな日本の慣行が、まだまだ生き、根付いていることの証左といえるでしょう。そのため日本では、独自のリカレント教育の形、たとえば会社を辞めずに夜間や週末に教育を受けたり、大学などの機関や学位にこだわらずに通信教育や公開講座、セミナーなどで教育を受けたりする形態が発展しました。

また、企業も人材教育の重要性は理解しており、予算も時間も投じているものの、新入社員教育にその大半を割いていることも、この傾向に拍車をかけています。中堅、幹部といった社員層に対する教育リソースの配分が少ないのです。

経済産業省は2020年時点で先端IT人材が4・8万人、情報セキュリティ人材が19・3万人不足し、将来的にはこの不足数が40万〜80万人に達すると弾いています。この数値を満たして、社会の隅々までIT人材を浸透させ、より良い世の中を創ろうとするのであれば、新卒の要員だけでは圧倒的に数が足りません。いま、まさに業務に従事している人で、まだ先端ITなどの教育機会に恵まれなかった人に、その機会を得てもらうことはとても価値のある、重要な施策であると考えます。

2　ＢＩとデータ分析

全自動の分析はまだできない

ＩｏＴが無限にも等しいデータを生み出し続け、そのデータには価値がある、価値を生み出せるとプレッシャーをかけられ続ける社会が到来しています。実際、爆発的に増大するビッグデータを保存するための技術や分析技術は長足の進歩を遂げました。

従来型の統計手法では処理しきれないほどのデータが生み出され、検討すべき要因も増え続けていますが、これらの作業を機械学習などによってある程度自動化することもできるようになりました。

それでもなお、データを読み解く人間の力が大切であることは、ここまで述べてきた通りです。ＩＴ業界のイメージ戦略はともかくとして、完全に雑多でばらばらなデータをただ投入すれば、勝手に有益なデータを探し出してくれるほど、現在の**データマイニング**（大量のデータから有用な情報を発見する）技術や**ビジネスインテリジェンス**ツール（ＢＩ：企業経営や業務遂行に資する知見を導くツール）、弱いＡＩは洗練されていません。

何か分析をして、有用な知見を導き出すためには、どんな結果が欲しいのか予測して、シナリオを作り、必要なデータを抽出・収集し、それをＡＩにかけられるように形式を整え、必要なタグ付けを行う、といった膨大な作業が待っています。

前作業に莫大な労力を投じ、気の遠くなるような試行錯誤をＡＩにさせてなお、ＡＩが導いてきた知見は何の値打ちもないものかもしれません。データマイニングツールやＡＩは、確からしい規則性を見つけてきてはくれますが、それが本物かどうか、有益かどうかは別問題です。

「2月14日にはどうもチョコレートの売り上げが増大するので、前月から準備しておいたほうがいいですよ」と言われても、そんなことは言われるまでもなく百も承知です。

ことによると、「アイスの消費量が増えると、水難事故が増えるので、アイスの生産をやめて溺死者を0にしましょう」などと言ってくるかもしれません。もちろん、夏のアイスを我慢したら溺れる人が減るなどというのは幻想です。

- 暑いから泳ぎに行く人が増え、結果的に水難事故も増える

●暑いからアイスを食べる人が増える

キーになるのは暑さであり、水の事故やアイスの消費量はそこに従属しているにすぎません。でも、単に関係のあるなしでいえば、両者は「暑さ」を介してつながっています。関係があるように見えるのです。もし、無批判にこれに飛びついて、「今年の夏はアイスの生産をやめます」といった施策を断行したら、残念な結果になるでしょう。

これは極端な例ですが、単語をいくつか別のものに置き換えたような事例は、ふだんの業務の中にぽこぽこ登場します。ＡＩやＢＩはまだまだ、「導入すればあとは全自動」の仕組みではないのです。

だからこそ人手が必要で、そこに人間の仕事が残されているから、後述する**STEM**などに注力しようとしているわけです。ただ、もちろん、すべての人がＡＩに精通して機械学習を実施する必要はありません。

データとそこから導かれる知見が極めて大きな力を持つことから、本当にその知見を信じていいのか、どんなときにＡＩを使うべきで、どんなことにはＡＩは使えないのか、いまあるデータは真なのか偽なのかを判断できるだけでも、自らの行動を価値のある行動にしていける確率が高まるでしょう。

解析ツールの一般化

統計を業務に使うプロフェッショナルたちも、一般的な業務においてはクロス集計を理解、活用できるだけで十分に仕事の幅は広がるし、研究室レベルで使うような精緻な手法はむしろ使いにくいことがあると指導します。

クロス集計は大昔からExcelを使って行うことができました。Excel方眼紙はやめたほうがいいですが、Excelそのものを否定する必要はありません。Excelは方眼紙や原稿用紙ではなく、ちゃんとスプレッドシートとして使えばとても有用なアプリケーションです。

Excelがじわじわと高機能化して、徐々にＢＩになりつつあったり、本来相当な訓練を受けなければ使いこなせなかったＢＩが、ユーザフレンドリーなアプリケーションで民主化されたりすることで、一般業務の枠内でＢＩがだいぶ使えるようになってきました。分析のコモディティ化です。よく聞くようになった1億総データサイエンティスト化は、この水準のインテリジェンスが使いこなせることが到達水準だと考えておけばよいでしょう。

簡便で使いやすいＢＩツールの代表例を紹介しておきましょう。この分野のアプリケーションはいまやレッドオーシャンになっていますが、Tableau（タブロー）や Power BI が使いやすいです。

直感的な操作だけで回帰分析や相関分析を行い、手持ちのデータから未来予測などをすることが可能です。画面上で何回でも試行錯誤できます。もちろん、使いやすいからといって、何の考えもなく使えるわけではないのは他の例でも示した通りです。統計手法はたくさんあるので、適切でない使い方をすればいかようにも結果を導くことができてしまいます。故意に行うのは論外ですが、総当たり的な試行錯誤の結果、「誤った、でも見た目は説得力のあるデータ」は作れてしまいます。その陥穽にはまらないデータサイエンスの基礎力が必要です。

データに位置情報が含まれている場合、地図上にそのデータをプロットする機能は、ずいぶんお馴染みになりました。いまや Excel でもプロットは可能です。数値で示されているデータでも、地図に展開してみると新しい知見を導くことがあります。

3　STEM教育の未来

新たな価値を創造するスキル

STEM、もしくはSTEM教育とは、Science, Technology, Engineering and Mathematicsの略で、日本語で言い換えるならば、科学、技術、工学、数学を教育すること、になります。それだけだと、もうこれまでにも十分やってきたと感じるかもしれません。もちろんそうなのですが、STEMといった場合は、この4つを組み合わせて新たな価値を創造するスキルを身につけるイメージだと考えてください。

STEMで先行する諸外国（アメリカでは国家戦略となって久しいです）では、産官学（軍も）の連携が浸透し、体験型の学習も頻繁に行われています。

STEMにArtを加えて**STEAM**（Science, Technology, Engineering, Art and Mathematics）にすることもあります。Artが加わるのに違和感があるかもしれませんが、学習者の創造性を育むことと、構造化された万人にわかりやすいアウトプットを提出する力を育むことに効果があるといわれています。

ただ、個人的にはここはArtではなく、Designがよいのではないかと考えています。Art教育による創造力の強化はとても魅力的ですが、やはり個々人のセンスに依存するところもあり、万人に効果があるかどうかには疑問符もつきます。

ひるがえってDesignはロジックです。ものの表面的な形ではなく、設計者の意図を実現するための技術と技能です。たとえば、ホールを一瞥すれば、それが会議向けなのか演劇向けなのか、ホールの中での動線はどう考えられていて、どのように来訪者に動いてほしいのかといったことがわかります。実現すべき目的があり、それに沿って形状や環境を作り込んでいきます。今後社会で活躍する人がこれを学ぶことには意義があり、センスの有無に左右されない（学校教育に馴染みやすい）教育項目だといえます。

ホームページのデザイン一つとっても、とても使いにくいものがまだたくさんあります。達成したい目的とそれに対して提供している手段が乖離しているからです。デザインを学ぶ人が多くなれば、こうした乖離を埋めていくことができるでしょう。デザインとは決して見てくれの良さだけを追求することではありません。

いずれにしても、現在必要とされる職能をパッケージ化した言い方で、こうした技能を持った人材を公教育の中で大量に育成することが、世界的にも重要な課題になっています。

ＳＴＥＭ人材、ＳＴＥＭ業務といった言葉もありますが、日本で公の文書に登場する語としては、**高度ＩＴ人材**、**先端ＩＴ人材**、**情報セキュリティ人材**あたりでしょうか。

高度ＩＴ人材は、名前の通りＩＴ人材としての質を問うものです。ＩＴスキルを測るのは決して簡単な仕事ではありませんが、一つの目安として国家試験を取り上げてみましょう。経済産業省が認定する情報処理技術者試験では、簡単なほうからＩＴパスポート試験、基本情報技術者試験、応用情報技術者試験、高度試験とレベルが上がっていきます（高度試験の上にもいくつか技術者のレベルの区分けが存在しますが、業務経験などで認定されるため、資格試験では到達できません）。

あくまで目安ですが、このうち高度試験に合格する水準以上の技術者を高度ＩＴ人材と定義しています。

先端ＩＴ人材は、ビッグデータ、ＩｏＴ、ＡＩなどを扱える技術者をくった用語です。高度ＩＴ人材も、先端ＩＴ人材も、情報セキュリティ人材も、既存の業務の仕組みの延長線上にあり効率化が主目的だった時代を離れ、情報技術によって新たな価値を創造していかなければならない現代、そして未来において欠くことのできない高付加価値人材と位置付けられています。特にデータとその分析結果の価値が増大し、データ駆動型社会と呼ばれる社会が到来することで、AIとデータサイエンスに関連する人材の需要は増大し続ける見込みです。

しかし、全体の傾向を見ると、日本は技術者の技術水準が低く、こうした潮流に乗ることができていません。新興国を含めたランキングでも、上位にいるとは言いがたい状況です。

明るい未来を提示できているか

国家試験の改革はずっと継続していますし、たとえば文系の大学であっても、所定の条件を満たしていればAI人材を名乗れるようなプログラムが動き始めましたが、とても前述した規模の人材不足を補えるような施策ではありません。そこで、初等中等教育段階からのSTEM教育が重視されるわけです。国民全体の科学、技術、工学、数学の力の底上げを狙っています。

日本の児童、生徒たちは、国際学力調査などを見ると、いまだ高い学力を維持していると考えられます。しかし、各所で（教育の現場でも、社会生活でも、業務でも）ITの導入が遅れているため、高い学力的ポテンシャルを先端ITや高度ITに変換し、発揮する機会に恵まれないのだと考えられます。

また、高学力を維持している層が、大学受験時にかなり文系に流れてしまいます。それでも学部を卒業する人材層はそれなりの厚みを持っていますが、修士号、博士号の取得者は国際的な水準からはかなり見劣りがします。

大学が良い教育を提供できていないことも理由として挙げられるでしょうが、何よりも大きいのは、日本では技術者の処遇があまり恵まれていないことでしょう。良いロールモデルや明るい未来が提示できなければ、そこに至ろうとする人材が少なくなるのは当然のことといえます。

したがって、STEM教育の拡充には賛成ですし、その嚆矢としてプログラミング教育が用いられるのも良い施策だと考えますが、それだけでは高校と大学、大学と企業の間にある懸隔に橋を架けるには至らないでしょう。

多様性や論理性の話題でも言及しましたが、これらの能力が今後を生き抜いていくためにぜひ必要だからと、学校教育によっていくら身につけても、社会が実はそれを望んでいないのであれば、学生は良い職業、良い給与を得るために、容易に得たものを手放します。

STEM教育も同様で、データサイエンスの技能を身につけた学生を育てても、それを受け入れる社会の側が、「実は小理屈をこねるデータサイエンティストじゃなくて、言われたことを何でもその通りに実行する人材が欲しいんだよな」と考えていれば、身につけた能力が社会や業務で発揮されることはないでしょう。

ＳＴＥＭ教育は素晴らしいと喧伝されていても、理系出身者はどうも経営層には食い込めなさそう（ＳＴＥＭは単純に文系、理系を分割する概念ではありませんが）だと学生が感じれば、高い学力を持つ層が進路を文系へ定める傾向もなくならないでしょう。

これは単なる好き嫌いの問題（児童、生徒の理系離れ）ではなく、良い将来像を子どもたちに提示できているか否かの問題です。理系の学部が（経年変化でところどころ人気のある年を挟むものの）おしなべて志願者の獲得に苦労する中で、就くことができれば高い地位と給与を得て尊敬されるイメージが確立されている医者を志望する学生の数は、その学力的な難度と資金的な難度の高さにもかかわらず、引きも切らないのですから。

ですから、ＳＴＥＭ教育を成功させるためには、教育機関や教育の現場が制度と環境を設え、研鑽を積むことを前提としつつ、そこから巣立った学生を活躍させるステージが絶対に必要なのです。いまのところ、日本では良い活躍の場が少ないのが実情です。

そんな中で、ようやく中央省庁も本腰を入れ始めたのではないかと思わせる動きがいくつかありました。たとえば２０１９年以降、東京23区内の大学定員数は抑制され、学部の新設は厳しく制限されてきました。地方から若者を、つまりは活力を奪わないための措置です。これは２０２８年までの時限立法でしたが、**デジタル人材**（また言い方が変わりました）を育成する学部、学科に限って、新設も含めた定員増を認める決定がなされました。

政府は**デジタル推進人材**（また言い方が変わりました）を２０２６年度末までに２３０万人育成する目標を打ち出していますので、これでもまず足りませんが、止まっていた時計が動き出したのは良いことではないかと思います。いま社会に求められている学部を作ろうと思っても、規制でそれができなかったのですから。

もともと、社会の需要に応える形でデータサイエンス系の学科は増えていました（新設ＮＧ、定員増ＮＧだったので、既存学科の名称変更などのテクニックが駆使されました）が、もっと抜本的な組織改革が進められるようになるでしょう。

それで地方が疲弊するのはよくないですが、23区規制がかかった瞬間に横浜の大学群が隆盛を極めたので、もともと地方創生の処方箋としてはあまり効いていなかったと思います。今回の緩和措置では、地方での就職促進策がセットになるので、ここで実効効率の高い促進策を立案したほうがよいと考えられます。

また、防衛省はサイバーセキュリティ統括アドバイザーを年収２０００万円（最大値）で募集しました。高い専門性が要求される職種ですから、シリコンバレーの同種の求人と比べればまだまだ見劣りしますが、官公庁の求人として従来の視点からは破格の待遇であるといえます。

ちゃんとした待遇が与えられれば、学生たちはちゃんと勉強してちゃんと応募します。デジタル分野に限った話ではありませんが、その人の働きにきちんと報いる社会を再構築すれば、未来はちゃんと拓けていくでしょう。

おわりに

Q ＩＴ書籍のあとがきにふさわしい文書を考えてみてよ。あ、書いたのは中央大学の岡嶋さんね。８００字くらいでお願い！

A 皆さん、この書籍をお手に取っていただき、誠にありがとうございます。

本書は、現代のＩＴの世界において重要なテーマや最新の技術について深く掘り下げ、幅広い知識を提供することを目指して制作されました。私たちの目標は、読者の皆さんが情報技術の分野で自信を持ち、成長し続けるための手助けをすることです。

この本を執筆するにあたり、私たちは多くの努力と情熱を注ぎました。私たちの経験豊かな執筆チームは、それぞれの専門領域において深い理解を持ち、膨大な情報を厳選し、読みやすくわかりやすい形でまとめることに注力しました。

本書では、基本的なITの原則から始めて、クラウドコンピューティング、人工知能、ブロックチェーン、セキュリティなど、最先端のトピックにも触れています。

また、業界のトレンドや将来の展望についても考察しています。

ただし、ITは常に進化し続ける分野であり、この本がすべての情報を網羅しているわけではありません。新たな技術やアプローチが現れることも予想されます。ですが、本書が皆さんに基礎知識と思考の枠組みを提供し、さらなる学びと成長のステップに繋がることを願っています。

最後に、この本の執筆に関わったすべての方々に感謝の意を表します。編集者、デザイナー、校正者、そして私たちの家族や友人にも心から感謝します。また、本書を手に取ってくださった読者の皆さんにも感謝の気持ちを述べたいです。あなたたちのサポートがなければ、この本は実現しなかったでしょう。

最後に、この本が皆さんのITの知識を深める手助けになり、新たな知見を得るきっかけとなることを願っています。未来の技術者やリーダーとして、皆さんが素晴らしい成果を収め、業界に貢献していくことを心から応援しています。

ご愛読いただき、ありがとうございました。

中央

せっかくの機会なので、ChatGPTにあとがきを書いてもらいました。私が書くより、明らかに端正な文で素敵です。ただ、書いたのは私一人で「執筆チーム」ではないし、最後の著者名が「中央」なのも変です。

このあとがきがChatGPTの得意不得意を端的に示していると思います。もっともらしい文書は実に自然に紡ぎます。もっともらしさが正しさにつながることもあります。でも、正確性を過度に期待するとまずいです。もともとそういう作りじゃないんです。

定型文を書いたり、膨大な情報をざっくりまとめたり、いくつか選択肢を示したり、そういったサポーターとして活用し、最終的な意思決定や正確性の判断は人間がくだすべきです。

そしてこれは対話型ＡＩに限らず、本書で取り上げた他の多くの情報技術についても言えることです。その技術にとっての得意不得意を見極め、最善の活用をしてください。本書がその一助になれば幸いです。

岡嶋裕史

著者略歴

岡嶋 裕史（おかじま・ゆうし）

中央大学 国際情報学部 教授 / 政策文化総合研究所 所長

1972 年東京都生まれ。中央大学大学院総合政策研究科博士後期課程修了。博士（総合政策）。富士総合研究所、関東学院大学経済学部准教授、関東学院大学情報科学センター所長等を経て現職。専門は情報ネットワーク、情報セキュリティ。

『Web3 とは何か』『メタバースとは何か』（以上、光文社新書）、『思考からの逃走』『実況！ビジネス力養成講義 プログラミング / システム』（以上、日本経済新聞出版）、『ブロックチェーン』『5G』（以上、講談社ブルーバックス）など著作多数。

日経文庫

いまなら間に合う デジタルの常識

2023 年 7 月 14 日　1 版 1 刷

著者　岡嶋裕史

発行者　國分正哉

発　行　株式会社日経 BP
日本経済新聞出版

発　売　株式会社日経 BP マーケティング
〒 105-8308　東京都港区虎ノ門 4-3-12

装幀　山之口正和（OKIKATA）
組版　マーリンクレイン
印刷・製本　三松堂

©Yushi Okajima, 2023　ISBN978-4-296-11807-6
Printed in Japan

本書の無断複写・複製（コピー等）は著作権法上の例外を除き、禁じられています。

購入者以外の第三者による電子データ化および電子書籍化は、私的使用を含め一切認められておりません。

本書籍に関するお問い合わせ、ご連絡は下記にて承ります。

https://nkbp.jp/booksQA